保存版

かんたん仕込みで食べ飽きない

やさいの常備菜

庄司いずみ

Izumi Shoji

はじめに

野菜を毎日食卓に！
かんたん仕込みで食べ飽きない

この本は、ラクして美味しく、野菜を毎日たくさん食べたい人、そして、野菜の力で免疫力を上げて元気に過ごしたい人のための本です。
季節の野菜が並ぶ食卓はいいものです。
凝ったおかずでなくていい。普通のおそうざいがむしろ嬉しい。
けれど……。
毎日いちから野菜料理をつくるのは、忙しい日々ではなかなか大変です。
だから、私は常備菜を欠かしません。
マリネやピクルス、漬けものなどなら作るのもカンタン、そのまま食べるほか、つけあわせやアレンジおかずのもととしても重宝です。
サラダも、作りたてを楽しむフレッシュなものもいいですが、日がたつほどに美味しくなるサラダも好き。せっかくの手作りならたくさん作って、翌日も、翌々日も味のなじんだところを食べる。常備菜的なサラダなら、そんな楽しみ方もできます。
また、ゆでただけ、あえただけ、切っただけ……
料理ともいえない仕込みおかず、「がんばらない常備菜」こそ家庭料理の救世主！
カンタンだからこそ、アレンジも自由自在。
具材ごと、野菜のだしにもなる、カット野菜や干しきのこなど「スープのもと」もわが家では欠かしません。

この本では、すきま時間にササッと仕込め、食べ飽きない。そんな常備菜だけを集めました。毎日の料理がグンとラクになるから、ぜひお試しくださいね。

野菜料理家　庄司いずみ

contents

chapter 6
ストックしたい 万能ドレッシング& 万能だれ …… 177

Column

この本の使い方

- 材料は作りやすい分量で表記しています。できあがり容量は材料によって増減するため、目安です。
- 食材の下準備は、材料の（　　）内に記載しています。ただし、野菜を洗う、皮をむく、へたをとるなどの基本的な下準備は省略してあります。
- 計量の単位は大さじ1が15ml、小さじ1が5ml（すべてすりきり）。1カップは200mlです。
- 調味料は特に指定のない場合、以下のものを使っています。
  砂糖……上白糖／塩……自然海塩／しょうゆ……濃口しょうゆ／油……サラダ油／
  味噌…… 米味噌／酢……米酢
- 昆布だしはだし昆布20gに、1リットルの水でゆっくり煮出し、沸騰直前に昆布を取り出して作ります（昆布の切り方などはP176参照）。
- 作りおきできる野菜の常備菜、またドレッシングやたれには、日持ちを記載していますが、こちらは保存容器や保存瓶に入れて密閉し、冷蔵庫で保存したときの保存期間の目安です。
  季節や住む地域、冷蔵庫の使い方により変わりますから、食べる前に匂いや見た目で確認してください。
- 常備菜を入れる密閉容器はそのつどしっかり洗うこと。耐熱容器なら熱湯をまわしかけておくと安心。
  また、温かい料理を入れたら、必ず冷ましてから蓋をしてください。
- 煮物やきんぴらなど火を使う常備菜なら、食べるときは煮直したり炒め直したりして、火を入れてから食べると、より美味しくいただけます。

chapter 1

レパートリーがどんどん増えるマリネ＆ピクルス

切っただけ、またはサッとゆでただけ。その素材を酢や調味料に漬けるだけでできあがり。
野菜のマリネやピクルスは、もっとも簡単な野菜料理のひとつです。
その上、冷蔵庫に入れておけば日持ちも抜群。味つけがシンプルだから使いまわしも OK。
冷蔵庫にマリネやピクルスさえあれば、毎日の台所仕事がかなりラクになりますよ。

あっさり、爽やかな
ノンオイルのマリネ

マリネというとオイルたっぷりのイメージですが、オイルを入れずとも作れます。
ノンオイルのマリネなら味もさっぱり。
カロリーを気にせずモリモリ食べられるのもいいですね。
オイルを入れない分、だし汁でのばせば酸っぱすぎず、うま味たっぷりに仕上がります。

ノンオイルの
マリネ液の基本

- 酢…1/3 カップ
- レモン汁…大さじ 1
- 塩…小さじ 1/3
- 砂糖…大さじ 1/2
- 昆布だし…1/4 カップ

ズッキーニのマリネ

材料● 5カップ強分

ズッキーニ…3本
（550g・8mm厚さの輪切り）

a
- 酢…1カップ
- レモン汁…大さじ3
- 塩…小さじ1
- 砂糖…大さじ1と1/2
- 昆布だし…3/4カップ

作り方

1. ズッキーニとaのマリネ液を混ぜて味をなじませ、保存容器に入れる。

保存 1週間

玉ねぎのマリネ

材料● 2と1/2カップ分

玉ねぎ…1個（200g・薄切りにして水に1分さらして水をきる）

a
- 酢…2/3カップ
- レモン汁…大さじ2
- 塩…小さじ2/3
- 砂糖…大さじ1
- 昆布だし…1/2カップ

作り方

1 玉ねぎとaを混ぜて味をなじませ、保存容器に入れて冷蔵庫で保存する。

保存 1週間

玉ねぎのスパゲッティ・ペペロンチーノ

材料● 2人分

玉ねぎのマリネ…2カップ分
（汁気を落として200g）
にんにく…1片（薄切り）
赤唐辛子…2本（小口切り）
オリーブオイル…適量
スパゲッティ…160g
塩…大さじ1
イタリアンパセリ…適量(ざく切り)

作り方

1. 鍋に水と塩を入れて沸かし、スパゲッティをゆで始める。
2. フライパンにオリーブオイルとにんにく、赤唐辛子を入れて弱火から熱し、しっかり香りをたてる。
3. 玉ねぎのマリネを2に加えて炒めあわせ、スパゲッティのゆで汁をおたま1杯分注ぎ、フライパンをゆすって味をなじませる。
4. 1のスパゲッティがゆで上がる1分前にトングでフライパンに移し、ゆで汁をもう1杯注いで加熱し、アルデンテになったら火を止める。皿に盛りつけ、イタリアンパセリを散らす。

玉ねぎとエリンギのイタリアンソテー

材料● 2人分

玉ねぎのマリネ…1カップ分
（汁気を落として100g）
エリンギ…大1本
（100g・薄切り）
にんにく…1片（みじん切り）
オリーブオイル…適量
塩…小さじ1/8強
バジル（ドライ）…小さじ1/2

作り方

1. フライパンにオリーブオイルとにんにくを入れて中火にかけ、香りがたったら玉ねぎのマリネとエリンギをサッと炒める。
2. 塩とバジルで味をつけて火を止める。

即席ハリハリ漬け

材料● 1カップ分

玉ねぎのマリネ…1/2カップ分
（汁気を軽く落として50g）
切り干し大根…20g
（洗ってざく切り）
刻み昆布…5g
酢、水…各大さじ1
しょうゆ…小さじ1

作り方

1. 刻み昆布は洗って熱湯でサッとゆで、食べやすく切る。
2. ボウルに1と残りの材料をあえて5分以上おき、味をなじませる。

Memo

つけあわせやサラダのほか、肉や魚のグリルなどにたっぷりのせても。シンプルだけにアレンジも自在。簡単なのはざく切りのキャベツや細切りのピーマン、きのこなどと炒めあわせる酸味のある野菜炒め。普通の野菜炒めよりさっぱりとしてたくさん食べられます。

プチトマトのマリネ

材料● 2カップ分

プチトマト…1パック（200g）

a
- 酢…2/3カップ
- レモン汁…大さじ2
- 塩…小さじ2/3
- 砂糖…大さじ1
- 昆布だし…1/2カップ

作り方

1. aのマリネ液にプチトマトを漬ける。

保存 1 週間

トマトのブルスケッタ

材料● 5個分

プチトマトのマリネ…7～8個
（へたをとって4等分に切る）
バゲット…薄切り5枚
パセリ…適量（みじん切り）

作り方

1. バゲットの上にプチトマトのマリネ、刻んだパセリを散らす。

トマトとしめじの簡単スープ

材料● 2人分

プチトマトのマリネ…6個
（へたをとって半分に切る）
ぶなしめじ…小1パック（100g・石づきを落としてほぐす）
昆布だし…1と1/2カップ
塩…小さじ1/4

作り方

1. 材料全部を中火にかけ、煮立ったら弱火で2分煮こむ。

プチトマトと芽ひじきのソテー

材料● 2人分

プチトマトのマリネ…20個
（へたをとる）
芽ひじき…大さじ2
（8g・水洗いする）
にんにく…1片（粗みじん切り）
オリーブオイル…適量

a
プチトマトのマリネのマリネ液…大さじ2
水…大さじ4
塩…小さじ1/4強
粗挽き黒コショウ…小さじ1/2

作り方

1. フライパンにオリーブオイルを熱してにんにくと芽ひじきを炒め、香りがたったらaを加える。
2. 芽ひじきがふっくらと戻ってきたらプチトマトのマリネを入れて、サッと炒めて火を止める。

Memo

皮をむいてマリネにすると1～2日で実が崩れてしまうので、すぐに食べないなら皮つきのままで。そのほうが酸味が染みこみにくく、生のものと同様に使えます。残ってしまったら、ざく切りにしてオリーブオイルとにんにくで煮こみ、トマトソースにしても。

大根のマリネ

材料● 4カップ強分

大根…大 1/2 本（600g・1.5㎝角 ×5㎝長さの棒状に切る）

a
- 酢…2/3 カップ
- レモン汁…大さじ 2
- 塩…小さじ 2/3
- 砂糖…大さじ 1
- 昆布だし…1/2 カップ

作り方

1. a のマリネ液に大根を漬ける。

保存 1 週間

即席カクテキ風

材料● 2～3人分

大根のマリネ…150g（汁気を落としてサイコロ状に切る）

a
- コチュジャン…小さじ 2
- 長ねぎ…約 3㎝分（10g・みじん切り）
- おろしにんにく…少々
- おろししょうが…小さじ 1/4 強

作り方

1. ボウルに a を混ぜあわせる。
2. 1 に大根のマリネを入れてあえ、5分以上おいて味をなじませる。

切り干し大根とあられ大根のサラダ

材料● 2～3人分

大根のマリネ… 65g（汁気を落として 5㎜角くらいの粗みじん切り）
カットわかめ…大さじ 1（3g）
切り干し大根…20g（サッと洗って戻し、ざく切りに）
かいわれ大根…1/2 パック（25g・根本を切り落とす）
大根のマリネ液…大さじ 2
オリーブオイル…大さじ 1

作り方

1. 材料全部をあえる。

大根と厚揚げの味噌煮

材料● 2 人分

a
- 大根のマリネ… 65g（汁気を落とす）
- 厚揚げ…1/2 枚（100g・油抜きして大根のマリネと大きさをあわせて切る）
- 昆布だし…1/2 カップ
- 大根のマリネ液…大さじ 1
- 酒…大さじ 1

味噌…大さじ 1

作り方

1. a を鍋に入れて中火にかけ、煮立ったら弱火で 5 分、大根が柔らかくなるまで煮る。
2. 味噌を溶き入れ、煮汁が 1/3 量くらいになるまで煮含める。

Memo

七味やコショウ、油で炒めたクミンシードなどのスパイスをかけるだけでも箸休めやおつまみに。煮ものや炒めものなど、少しじっくりめに火を通すと酸味がやわらいで食べやすくなりますし、唐揚げ粉や片栗粉をまぶしつけて揚げてもさっぱり食べられます。

カリフラワーのカレーマリネ

＋カレー粉

材料● 4カップ分

カリフラワー…大1/2株（250g・一口大に切る）

a
- 酢…1カップ
- レモン汁…大さじ3
- 塩…小さじ1
- 砂糖…大さじ1と1/2
- 昆布だし…3/4カップ
- カレー粉…大さじ1/2
- にんにく…1と1/2片（薄切り）

作り方

1. カリフラワーは1分ゆでてざるにあけ、しっかり水気をきって冷ます。
2. aのマリネ液に1を漬ける。

Memo カレー粉以外なら、粗挽き黒コショウや軽くつぶしたクミンシード、ピンクペッパーなど、スパイスをきかせたマリネがおすすめ。小麦粉と炭酸水で作った衣でサクサクのフリットにするとメインディッシュにも。

ブロッコリーの柚子コショウマリネ

+ 柚子コショウ

保存 5日

材料● 3と1/2カップ分

ブロッコリー…1株（250g・小房にわける）

a
- 酢…1カップ
- レモン汁…大さじ3
- 塩…小さじ1/3強
- 砂糖…大さじ1と1/2
- 昆布だし…3/4カップ
- 柚子コショウ…大さじ1/2

作り方

1. ブロッコリーは30秒ゆでてざるにあけ、しっかり水気をきって冷ます。
2. aのマリネ液に1を漬ける。

Memo 加熱が過ぎると漬けている間に崩れやすいので、ゆで時間は短めに。オリーブオイルとにんにくを熱し、きのことあわせてソテーにしたり、わかめなどとあえて甘みをプラス、酢のもの風にしてもいいですね。

枝豆の七味マリネ ＋七味唐辛子

材料● 1と1/2カップ分

枝豆（塩ゆでしてさやをとった状態で）…1カップ分

a
- 酢…1/3カップ
- レモン汁…大さじ1
- 塩…小さじ1/3
- 砂糖…大さじ1/2
- 昆布だし…1/4カップ
- 七味唐辛子…小さじ1/2

作り方

1. aをあわせて枝豆を漬ける。

Memo 辛いのが苦手なら七味唐辛子は半量くらいにし、刻んだにんにくで風味をつけても。ご飯に混ぜてライスサラダ風にしたり、サラダの具材に重宝します。エスニックカレーの具材にしても美味しい。

れんこんの粒コショウマリネ

＋粒コショウ

材料● 3カップ分

れんこん…2節（300g・8㎜厚さの輪切りで30秒ゆでる）

a
- 酢…2/3カップ
- レモン汁…大さじ2
- 塩…小さじ2/3
- 砂糖…大さじ1
- 昆布だし…1/2カップ
- 粒黒コショウ…20粒（軽くつぶす）

作り方

1 aのマリネ液にれんこんを漬ける。

Memo そのままポリポリ食べるほか、オリーブオイルでソテーにしたり。白味噌3、練り辛子1の割合で混ぜた辛子味噌を2枚のれんこんマリネではさんで天ぷらにすると、辛子れんこん風のおつまみになります。

じゃがいもの味噌レモンマリネ

+味噌・レモン

保存5日

材料● 3カップ分

じゃがいも…大2個（400g・皮をむいて1㎝厚さの輪切り）

a
- 味噌…大さじ4
- レモン果汁…大さじ4
- 昆布だし…180ml

作り方

1. じゃがいもをゆで、串が通ったらざるにあける。
2. 1が熱いうちにaであえる。

Memo このマリネはマリネ液にしっかりひたってなくても、あえる程度で大丈夫。保存容器をさかさまにするか、全体をざっくり混ぜてなじませます。ゆですぎると崩れてしまうから、少し堅めに火を通すのがコツ。

Arrange Recipe

じゃがいもの味噌レモンマリネのコロッケ

材料● 2 人分

じゃがいもの味噌レモンマリネ…1 カップ分
（汁気を落として170g・マッシュする）
玉ねぎ…大 1/4 個（60g・みじん切り）
油…適量
小麦粉…適量
a｜小麦粉、水…各大さじ 2
パン粉…適量
揚げ油…適量

作り方

1 フライパンに油を熱して玉ねぎを 1 分炒める。
2 1 とじゃがいもを混ぜ、4 等分にしてコロッケ形にまとめ、小麦粉をまぶす。
3 a をあわせた衣を 2 につけてからパン粉をつけて、熱した揚げ油で揚げる。

Memo

そのまま煮ものがわりに小鉢に盛るほか、マッシュして、味噌味の和風ポテトサラダにしたり、豆乳とあわせて火にかけて練り、酸味のある和風マッシュポテトにしても。そのままでは堅くてアレンジしづらいときは、電子レンジで柔らかくして使うといいですよ。

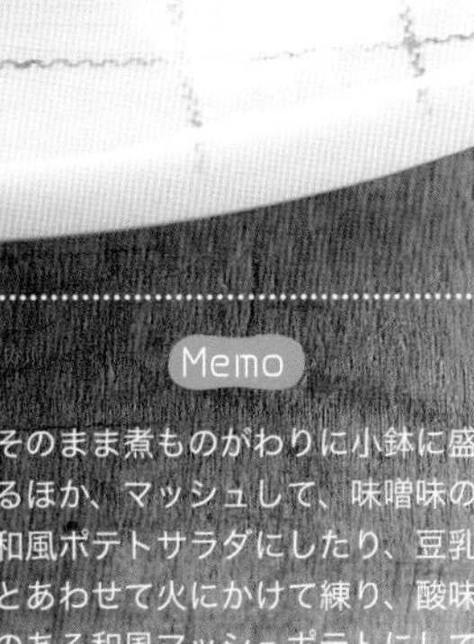

こくあり、リッチな
オイルベースのマリネ

オイルが入ることでうま味とこくがグッと増し、
ボリューム満点の常備おかずに変わります。
また、素材がなじんでしっとりなめらかな食感に。食べやすくなるのもいいですね。
野菜料理が苦手だったり、物足りないと感じる人にはオイルマリネがおすすめです。

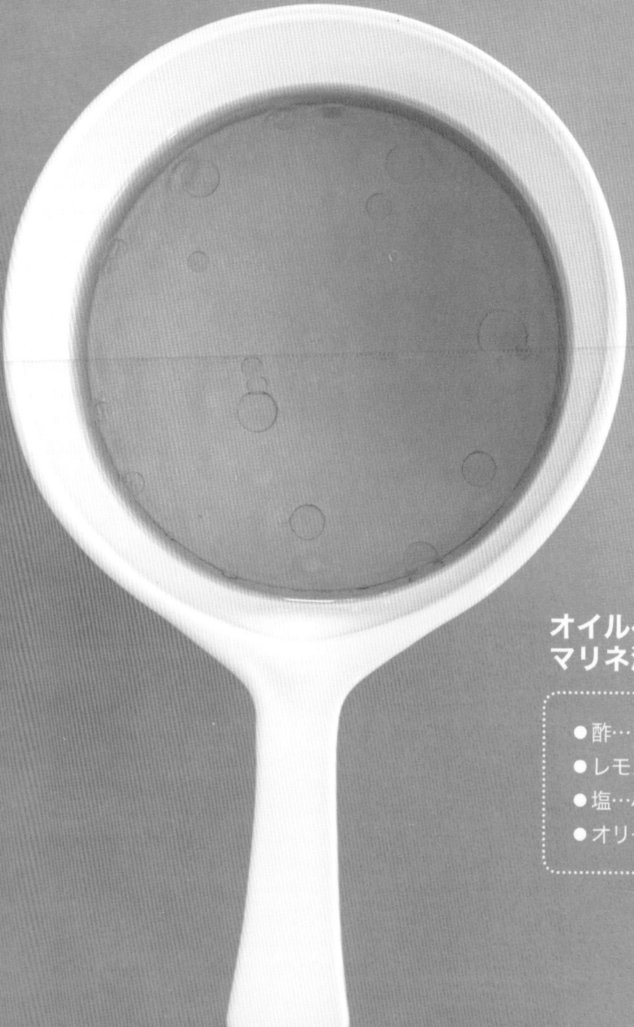

オイルベースの
マリネ液の基本

- 酢…1/3 カップ
- レモン汁…大さじ 1
- 塩…小さじ 1/3
- オリーブオイル…1/4 カップ

紫キャベツのマリネ

材料● 3カップ分

紫キャベツ…1/4個（280g・せん切り）
塩…小さじ1/4

a
- 酢…2/3カップ
- レモン汁…大さじ2
- 塩…小さじ2/3
- オリーブオイル…1/2カップ

作り方

1. 紫キャベツと塩をボウルに入れて混ぜ、5分おいて水気を絞る。
2. aのマリネ液に1を漬ける。

保存 1週間

ペコロスのマリネ

材料● 6カップ分

ペコロス…30個（皮をむく）

a
- 酢…2/3カップ
- レモン汁…大さじ2
- 塩…小さじ2/3
- オリーブオイル…1/2カップ

作り方

1. ペコロスは10分間ゆでる。
2. aをひと煮立ちさせ、粗熱をとる。
3. 1と2をあわせて保存容器に入れる。

保存
1週間

ペコロスのチリソース煮

材料● 2人分

ペコロスのマリネ…10個
片栗粉…適量
揚げ油…適量
マッシュルーム…6個（100g・半分に切る）
ごま油…適量
a
トマトケチャップ…大さじ2
水…1/2カップ
しょうが、にんにく…各1片（みじん切り）
長ねぎ…20㎝（60g・みじん切り）
酢…小さじ2
しょうゆ…小さじ1

作り方

1. ペコロスのマリネに片栗粉を薄くつけ、熱した揚げ油でカラリと揚げる。
2. フライパンにごま油を熱してマッシュルームをサッと炒め、1とaを入れてひと煮立ちさせたら火を止める。

ペコロスの田楽焼き

材料● 2人分

ペコロスのマリネ…10個
a
八丁味噌…大さじ1
みりん…大さじ1
青じそ…1枚

作り方

1. aを混ぜあわせてたれを用意する。
2. 串にペコロスのマリネを刺して魚焼きグリルの弱で8分ほど、焦げ目がつくまで焼く。
3. 2に1のたれをはけで全体に塗ってさらに2分焼き、最後に残ったたれを全体にからめて盛りつける。彩りに青じそなどを添える。

ペコロスの串カツ

材料● 5本分

ペコロスのマリネ…15個
小麦粉…適量
a｜小麦粉、水…各大さじ3
パン粉…適量
揚げ油…適量
中濃ソース…適量
レモン、パセリ…各適量

作り方

1. ペコロスのマリネを串に刺して小麦粉をまぶしつける。
2. 混ぜあわせたaの衣を1につけ、パン粉をしっかりつける。
3. 熱した揚げ油で2をカラリと揚げ、好みでソースやレモン汁をかける。彩りにパセリを添える。

Memo

オリーブなどとともにピンチョス仕立てにしたり、そのままでつけあわせにしてもコロコロとかわいらしく、常備しておくと大助かり。きのこなどほかの具材とあわせてソテーにしたり、衣をつけてフリットにしても。焼き鳥や串カツの具材にも使えます。

きのこのマリネ

材料● 3と1/2カップ分

しいたけ…6枚（120g・石づきを落として半分に切る）
ぶなしめじ…大1パック（200g・石づきを落としてほぐす）
まいたけ…大1パック（150g・石づきを落としてほぐす）
マッシュルーム…1パック（100g・半分に切る）
にんにく…1片（薄切り）
オリーブオイル…大さじ1

a
- 酢…1/3カップ
- レモン汁…大さじ1
- 塩…小さじ1/3
- オリーブオイル…1/4カップ

作り方

1. フライパンにオリーブオイルときのこ類、にんにくを入れて炒める。
2. 1を保存容器に入れてaのマリネ液を注ぐ。

保存 1週間

きのこのミニピザ風

材料● 6 枚分

きのこのマリネ…3/4 カップ分（汁気を落として 120g）
餃子の皮…6 枚
トマトケチャップ…大さじ 1
ピーマン…1 個（30g・輪切り）
オリーブオイル…適量
粗挽き黒コショウ…適量

作り方

1. フライパンにオリーブオイルを熱して餃子の皮を並べ、表面にケチャップを塗る。
2. ピーマン、きのこのマリネの順に餃子の皮の上にのせてカリッと焼き上げる。皿に盛り、好みでオリーブオイル（材料外）と黒コショウをふる。

トマトファルシー

材料● 2 個分

トマト…小 2 個（300g・へたを落として中身をくりぬく。a で使用）
a
- きのこのマリネ…1/2 カップ分（汁気を落として 80g・ざく切り）
- パン粉…大さじ 4
- トマトの中身…全量(ざく切り)
- 塩、粗挽き黒コショウ…各小さじ 1/2

パン粉…小さじ 2

作り方

1. a を混ぜてトマトに詰め、パン粉を上にふる。
2. 250 度のオーブンに入れ、8 分焼く。

きのこのお焼き

材料● 10 個分

a
- きのこのマリネ…1 と 1/4 カップ分（汁気を落として 200g・ざく切り）
- 青じそ…1 束（粗みじん切り）
- 片栗粉…大さじ 6
- 水…小さじ 2

油…適量

作り方

1. a を混ぜる。
2. フライパンに油を熱して 1 を一口大ずつ落として焼き、裏返して両面を色よく焼く。

Memo

きのこは材料が全部揃わなくても、ありあわせの組み合わせでOK。まいたけだけなど、単品で作ってもかまいません。薄切りの玉ねぎやピーマンなどをたっぷり混ぜてサラダにしたり、ご飯と炒めてさっぱり炒飯にするのも美味しいですよ。

輪切りにんじんのピリ辛マリネ

+カイエンペッパー

保存 1週間

材料● 1と3/4カップ分

にんじん…大1本（200g・1㎝厚さの輪切り）

a
- 酢…2/3カップ
- レモン汁…大さじ2
- 塩…小さじ2/3
- オリーブオイル…1/2カップ
- カイエンペッパー…小さじ1/2
- にんにく…2片（薄切り）

作り方

1 aのマリネ液ににんじんを漬ける。

Memo にんにくや刻みねぎ、しょうがなどと炒めてピリ辛のソテーにしたり、きのこや刻み昆布、油揚げとサッと煮にしても。P28のペコロスと同じように、串揚げにアレンジするとおつまみにぴったりです。

焼きパプリカの粒マスタードマリネ

＋粒マスタード

保存 1週間

材料● 1 と 3/4 カップ分

赤、黄パプリカ…各 1 個（160g）

a
- 酢…1/3 カップ
- レモン汁…大さじ 1
- 塩…小さじ 1/3
- オリーブオイル…1/4 カップ
- 粒マスタード…大さじ 1

作り方

1. 焼き網でパプリカを丸ごと、皮が真っ黒になるまで焼く。
2. 1 を氷水にとって冷まし、手早く皮をむいて縦に 6 等分に切り、種とへたをとる。
3. a のマリネ液に 2 を漬ける。

Memo 皮をむいたほうが柔らかく食べやすいですが、気にならないなら皮つきのままでも。ホットドッグやハンバーガーの具材にしてもよし、トマトソースを塗ったピザクラストにのせて焼く、シンプルなピザも美味しい。

ひよこ豆と玉ねぎのレモンマリネ

+レモン

材料● 2と1/2カップ分

ひよこ豆（水煮）…100g
玉ねぎ…1/2個（100g・薄い輪切り）

a
- レモン…1/4個（25g・輪切り）
- 酢…1/2カップ
- レモン汁…大さじ1と1/2
- 塩…小さじ1/2
- オリーブオイル…1/3カップ強

作り方

1. 玉ねぎは水に1分ほどさらし、しっかり水気をきる。
2. 1とひよこ豆をaのマリネ液に漬ける。

Memo ゆでた麦や玄米とあえてライスサラダにしたり、タコライスやタコスの具材にもぴったり。片栗粉をはたいてカラリと揚げたれんこんなどの根菜や豆腐、魚介類とあわせて洋風の南蛮漬けにするのもいいですね。

キドニービーンズと紫玉ねぎのバルサミコマリネ ＋バルサミコ酢

保存 1週間

材料● 2カップ分

キドニービーンズ（水煮）…100g
紫玉ねぎ…1/2個（100g・薄い輪切り）
a
酢…1/3カップ強
バルサミコ酢…大さじ3
塩…小さじ1/2
オリーブオイル…1/3カップ強

作り方

1. 紫玉ねぎは水に1分ほどさらし、しっかり水気をきる。
2. 1とキドニービーンズをaのマリネ液に漬ける。

Memo ポリフェノールが豊富でアンチエイジングや美肌に最高のマリネです。素麺やカペッリーニなどの麺とあえるほか、豆腐や根菜のステーキにたっぷりのせて。アボカドとあわせてサラダにするのもおすすめです。

揚げなすの中華風マリネ ＋ごま油

保存 5日

材料● 1と1/2カップ分

なす…2本（200g・縦4等分に切る）
揚げ油…適量

a
- 黒酢…1/3カップ
- レモン汁…大さじ1
- 塩…小さじ1/3
- ごま油…1/4カップ
- 赤唐辛子…1本（半分に切る）

作り方

1. 鍋に揚げ油を熱して、なすを素揚げする。
2. 1の油をしっかりきり、aのマリネ液に漬ける。

Memo ボリュームがあって満足できる副菜にもなり、豆腐とあわせても、冷やし中華の具材にしても。油を含んだマリネ液が美味しいから、量が減ってきたら細切りのきゅうりやピーマンでかさ増ししてサラダでどうぞ。

Arrange Recipe

なすと豆腐の中華サラダ

材料 ● **2人分**

a
- 長ねぎ…大 1/2 本（50g・白髪に切る）
- P36 のマリネ液…大さじ 1 と 1/2

b
- 木綿豆腐…1/6 丁（50g・水きりして 1.5㎝角に切る）
- 揚げなすの中華風マリネ…3 本
- カットわかめ…大さじ 1/2（2g・水にひたして戻す）

作り方

1. ボウルに a を混ぜ、5分おいて味をなじませる。
2. b をざっくりあわせてから、1 に混ぜ込む。

Memo

揚げなすの中華風マリネと同じ作り方でズッキーニやかぼちゃのマリネも美味しいですよ。アレンジレシピの豆腐とあわせた中華サラダは白髪ねぎのほか、薄切りの玉ねぎや細切りの大根やセロリ、細切りのパプリカやピーマンなどもさっぱりしていてよくあいます。

ピクルス

酢、水、塩、砂糖。ピクルス液の材料はたったこれだけ。
ここに切った野菜を漬ければＯＫ。
こんなに簡単に作れるのに、１～２週間は野菜がパリパリ新鮮なままなのが素敵です。
そのままポリポリ、サラダに混ぜて。刻んで炒めものに使うなど、使い勝手も抜群ですよ。

ピクルス液の基本

- 酢、水…各 3/4 カップ
- 塩…小さじ 1/2
- 砂糖…大さじ 1/2

きゅうりのピクルス

材料● 3カップ分

きゅうり…4本（400g・へたを切り落とし、半分に切る）

a
- 酢、水…各1カップ
- 塩…小さじ2/3
- 砂糖…小さじ2

作り方

1. 鍋でaをひと煮立ちさせて塩と砂糖を溶かし、粗熱をとる。
2. きゅうりを保存瓶に入れて1のピクルス液を注ぐ。

保存2週間

にんじんのピクルス

材料● 3カップ分

にんじん…大2本（400g・10㎝長さで6等分の棒状に切る）

a
- 酢、水…各1カップ
- 塩…小さじ2/3
- 砂糖…小さじ2

作り方

1. 鍋で a をひと煮立ちさせて、塩と砂糖を溶かす。
2. 保存容器ににんじんを入れ、1 のピクルス液が熱いうちにひたひたまで注ぐ。

保存 2週間

にんじんドレッシング

材料● 160ml 分

にんじんのピクルス…2 本（30g）
ピクルス液…大さじ 3
オリーブオイル…大さじ 3

作り方

1. 材料全部をフードプロセッサーにかける。
2. 野菜スティック（材料外）などに添える。

にんじんのサワーグラッセ

材料● 1 カップ分

にんじんのピクルス…8 本（120g）
みりん、酒…各大さじ 4
オリーブオイル…大さじ 2

作り方

1. 材料全部を小鍋に入れて蓋をし、中火にかける。
2. 煮汁が沸騰したら弱火で 7 〜 8 分、にんじんが柔らかくなるまで蒸し煮する。

にんじんと刻み昆布、油揚げの煮もの

材料● 2 人分

a
にんじんのピクルス…5 本（75g・半分に切る）
刻み昆布…1/3 カップ分（10g・洗う）
油揚げ…2/3 枚（45g・油抜きして短冊に切る）
水…225ml
酒…大さじ 1 と 1/2

しょうゆ…大さじ 1

作り方

1. a を鍋に入れて中火にかけ、煮立ったら弱火で 5 分煮る。
2. しょうゆを入れ、煮汁がほぼなくなるまで煮含める。

Memo

食べるときに粒ごまをたっぷり混ぜたり、油で炒めたクミンシードをジュッとかけると、味の変化を楽しめます。紹介したアレンジのほか、細切りにして酢飯に混ぜたり、素麺チャンプルーの具材にしても、酸味がほんのり残り、さっぱりしたチャンプルーになります。

保存
1週間
保存
1週間

ゴーヤのスパイスピクルス

＋粒黒コショウ・クミンシード

材料● 2と1/2カップ分

ゴーヤ…1本（200g・種とわたをとり、1㎝厚さの輪切りにする）

a
- 酢、水…各3/4カップ
- 塩…小さじ1/2
- 砂糖…大さじ1/2
- 粒黒コショウ…10粒
- クミンシード…小さじ1/2

作り方

1. ゴーヤは熱湯でサッとゆでて粗熱をとる。
2. aのピクルス液を煮立てて粗熱をとり、1を漬ける。

Memo

辛くてスパイシー、ビールのお供に重宝します。食べやすく切った豆腐とともにクラッカーにのせると、酸味のおかげで豆腐がチーズ風に感じるから不思議です。また水きりした豆腐と炒め、酸味のきいたゴーヤチャンプルーにしても意外な美味しさに。

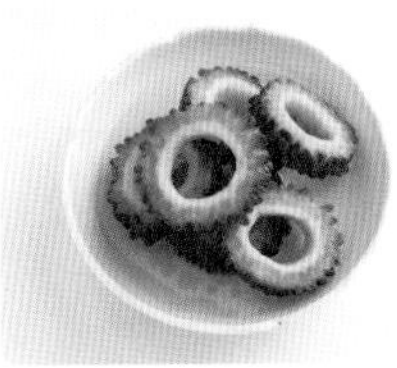

焼き長ねぎの中華ピクルス

＋八角・赤唐辛子

材料● 2と1/2カップ分

長ねぎ…大2本（200g・5㎝長さに切る）

ごま油…適量

a
- 酢、水…各3/4カップ
- 塩…小さじ1/2
- 砂糖…大さじ1と1/3
- 八角…2個
- 赤唐辛子…2本（半分に割る）

作り方

1. ごま油を熱したフライパンで長ねぎに焼き目がつくまで焼く。
2. aのピクルス液を小鍋に入れて中火にかけ、沸騰して塩、砂糖が溶けたら火を止め、粗熱をとる。
3. 保存容器に1と2を入れて保存する。

Memo

じっくり焼くのが秘訣です。よく焼くと長ねぎの甘みが引き出され、とろりと美味しい仕上がりに。八角の風味が甘みによくあい、そのままおつまみにすると最高です。八角が苦手な人は省いて作り、食べるときに花椒や粗挽き黒コショウをふってもあいますよ。

保存
1週間
保存
1週間

かぶの和風こぶだしピクルス

＋昆布だし

材料● 3カップ分

かぶ…中3個（300g・くし形に切る）

a
- 酢…1/2カップ
- 昆布だし…1カップ
- しょうゆ…大さじ1
- 砂糖…大さじ1/2

作り方

1. aのピクルス液を煮立てて砂糖を溶かす。
2. 保存容器に入れたかぶに1を熱いうちに注ぐ。

Memo

さっぱりとして浅漬けがわりに食べられます。油揚げや厚揚げとごく薄味で煮たり、にんにくやねぎをきかせてソテーにしても。ざく切りのトマトとオリーブオイル、薄切りのにんにくとサッと炒めたかぶとトマトのソテーは、前菜などにもぴったりのお洒落な味。

ピーマンのガーリックピクルス

＋にんにく

材料● 1と3/4カップ分

ピーマン…大3個（140g・輪切り）

にんにく…1片（細切り）

揚げ油…適量

a
- 酢、水…各3/4カップ
- 塩…小さじ1/2
- 砂糖…大さじ1/2

作り方

1. 油を熱してにんにくをカリッと揚げる。
2. aのピクルス液を煮立てて塩と砂糖を溶かし、粗熱がとれたら1とピーマンを漬ける。

Memo

魚や野菜のグリルなどのメインおかずにソースがわりにどっさりのせたり、クラッカーにのせてオードブルにしても美味しい。じゃがいものマッシュとあえただけのシンプルなポテトサラダや、ご飯にのせてコチュジャンを添えたビビンバ風もおすすめです。

なます

酢と砂糖、塩、だし汁の合わせ酢に素材を漬けるなますは、お正月料理の定番です。
少し甘みをきかせる分、マリネやピクルスにくらべて味はぐーんとマイルド。
食べやすさは抜群だから、お正月だけじゃもったいない！
年中常備すれば野菜不足なんて無縁です。

なます液の基本

- 酢…140ml
- 砂糖…大さじ 3
- 塩…小さじ 1/2
- 昆布だし…大さじ 4
- 赤唐辛子 …2 本（半分に割る）

紅白なます

材料● 2と1/2カップ分

大根…9㎝（300g・5㎝長さのせん切り）
にんじん…大1/3本（70g・5㎝長さのせん切り）
塩…小さじ1/2

a
- 酢…140ml
- 砂糖…大さじ3
- 塩…小さじ1/2
- 昆布だし…大さじ4
- 赤唐辛子…2本（半分に割る）

作り方

1. 大根、にんじん、塩をボウルに入れてあえ、10分おいて水気をよく絞る。
2. aをサッと煮立てて冷まし、1を漬ける。

保存
10日

れんこんなます

材料　4カップ分

れんこん…大2節（400g・薄切りでサッとゆでる）

a
- 酢…140ml
- 砂糖…大さじ3
- 塩…小さじ1/2
- 昆布だし…大さじ4
- 赤唐辛子…2本（半分に割る）

作り方

1. aをサッと煮立てて冷まし、れんこんを漬ける。

保存
10日

即席ちらし

材料● 2人分

れんこんなます…汁気を落として 60g
ご飯…400g
a 紅しょうが…20g
a なますのつけ汁…大さじ 4
いんげん…6 本（斜め切りでサッとゆでる）
刻み海苔…適量

作り方

1. 炊きたてのご飯と a をさっくり混ぜて酢飯を作る。
2. 器に 1 を盛り、れんこんなます、いんげんをのせ、刻み海苔を散らす。

焼きれんこんのオープンサンド

材料● 2人分

れんこんなます…汁気を落として 100g
粒マスタード…小さじ 2
サニーレタス…1 枚
ライ麦パン…薄切り 2 枚

作り方

1. れんこんなますを焼き網、またはグリルで焦げ目がつくまで焼く。
2. ライ麦パンにサニーレタスと 1 をのせ、粒マスタードをのせる。

れんこんの辛子白あえ

材料● 2人分

れんこんなます…汁気を落として 50g（いちょう切り）
a 木綿豆腐…1/3 丁（100g・しっかり水きりする）
a 練り辛子…小さじ 1/2
a 白味噌…大さじ 1
グリーンピース…20g（色よくゆでる。缶詰も可）

作り方

1. すり鉢に a を入れて、すりこぎでよくあたる。
2. れんこんなます、グリーンピースを 1 に入れてあえる。

Memo

ラップの上にれんこんなますをおき、酢飯、または梅干しを混ぜたご飯を大さじ 2 杯くらいのせ、キュッと絞ると手まり寿司に。押し寿司やちらし寿司の具材にも重宝します。ピクルス感覚でサンドイッチの具材やポテトサラダにプラスしてもあいますよ。

保存
5日

保存
5日
2種とも共通

セロリと油揚げの炒めなます

材料● 1と1/2カップ分

セロリ…1本（100g・短冊切り）
油揚げ…1枚（油抜きして1㎝幅の短冊切り）
柚子の皮…1/4個分（細切り）
ごま油…適量
a 酢、酒…各大さじ1
a 白すりごま…大さじ1
a 塩…小さじ1/4

作り方

1. フライパンにごま油を熱してセロリ、油揚げ、柚子の皮を炒める。
2. セロリがシャキッとしているうちにあわせたaを注ぎ、軽く炒めて火を止める。

Memo 炒めるからこくが出て、ご飯のおかずにもなるなますです。セロリのかわりに大根やにんじん、薄切りのかぶで作るのもおすすめ。ゆでた素麺やうどんとあえ、ごま油をまわしかけると簡単なお昼にぴったりです。

長いもとみかんのなます

材料● 2と1/4カップ分

長いも…200g（1㎝角の棒状に切る）
みかん…1個（100g・薄皮をむく）
a 酢…1/2カップ
a 砂糖…大さじ2
a みかん果汁…大さじ3
a 塩…小さじ1/2
a 昆布だし…大さじ4

作り方

1. aを小鍋で煮立てて粗熱をとる。
2. 長いもとみかんをあえ、1に漬ける。

きゅうりとごまのなます

材料● 2と1/2カップ分

きゅうり…2本（200g・細切り）
白粒ごま…大さじ1
a 酢…70ml
a 砂糖…大さじ1と1/2
a 塩…小さじ1/4
a 昆布だし…大さじ2
a 赤唐辛子…1本（半分に割る）

作り方

1. きゅうりと白粒ごまを混ぜ、aに漬ける。

Memo 長いもとみかんのなますはグレープフルーツや八朔などの柑橘果物でアレンジしても。きゅうりとごまのなますは、きゅうり以外にも白髪ねぎや細切りのピーマン、パプリカ、キャベツで作っても美味しいですよ。

Column

おすすめ保存容器

▲ル・パルフェの種類は用途別にテリーヌジャー（手前右）、ジャムポット（中右）、ダブルキャップジャー（中左と奥）などサイズもいろいろ。

フランス生まれ ホームメイドの保存瓶　ル・パルフェ

マリネやピクルスなどを作るとき、ガラス瓶の保存容器なら熱湯消毒や煮沸消毒ができ、密封できるので保存性が高まります。手作りの保存食にこだわるフランスのロングセラーがこのル・パルフェ。ゴムのパッキンでしっかり密封できるボトルは、テリーヌジャー。ゴムのパッキンや、金具もはずせて、その洗いやすさも使い勝手で大切なポイント。蓋をまわすだけのタイプの内蓋つきは脱気保存もできるダブルキャップジャー。浅漬けの保存やジャーサラダにおすすめです。http://www.leparfait.jp/

鮮度を保つ・進化した密閉容器

容器そのものに抗菌作用があり、食品の鮮度が長くキープできるものも登場。写真はミューファン®という銀の繊維を練り込んだ保存容器。銀の抗菌作用を利用した商品で、小口に刻んだ長ねぎなど、切った野菜を入れるだけでも、持ちが違うから驚きます。匂いがつきにくいので、酢の匂い移りが気になるマリネにぴったり。ミューファン®のほか、わさびで保存性を高めるシートなどもあるので、用途ごとに使い分けを。http://m-func.jp/

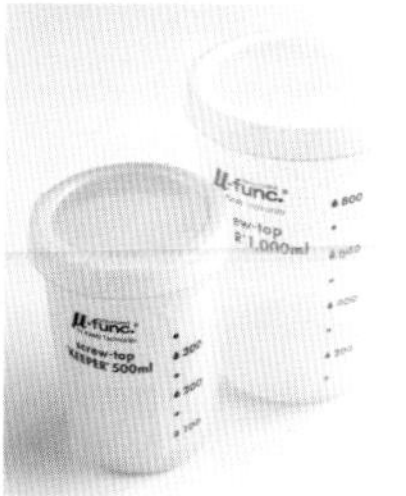

作りおきのルール

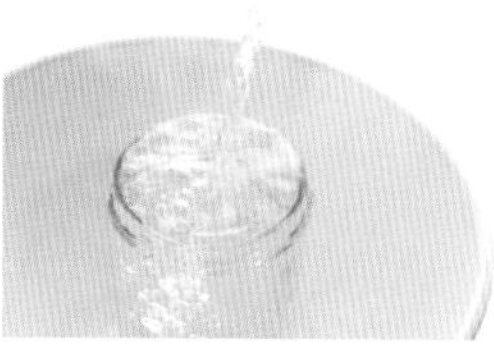

容器は熱湯消毒が基本です

保存が前提のマリネやピクルスなどを入れる容器は、しっかり洗ったあと、たっぷりの量の熱湯をかけて消毒をしましょう。
鍋にわかした湯に入れ、煮沸消毒をするとより安心です。

必ず清潔な菜箸で

保存おかずを取り分けるときは手が触れないようくれぐれも注意して。必ず清潔な菜箸やスプーンなどを使うようにします。
菜箸もしっかり洗い、きちんと乾燥させてから使うのが基本。

日付を記入する

保存容器や保存袋などにつめたら、つめた日を記入しましょう。できれば日付と一緒に料理名も書き込みます。
美味しいうちに食べきるために、ひと手間は惜しまずに。

chapter 2

浅漬け＆あえるだけでOKサラダ漬物

塩や調味液で漬けるだけの簡単な漬物は、日本のすぐれた野菜の保存おかずです。
本漬けは塩分が気になるところですが、
自家製の浅漬けならば塩分も加減できて安心ですね。
この章ではサラダがわりにモリモリ食べられる、簡単な浅漬けレシピをご紹介します。

昆布入り浅漬け

市販のものもありますが、手作りの浅漬けの素は、好みの味にできるのがいいですね。
酢や塩などの調味料を水に溶くだけ。刻み昆布を加えるとうま味が増して味に深みが。
この浅漬けの素に切った野菜を漬けるだけだから、作るのは本当にお手軽です。

昆布入り浅漬けの素

- 水…1カップ
- みりん…大さじ2
- 酢…大さじ4
- 塩…小さじ2
- 刻み昆布…10g（洗う）

みょうがの浅漬け

材料● 3カップ強分

みょうが…15個（300g）

a
- 水…1カップ
- みりん…大さじ2
- 酢…大さじ4
- 塩…小さじ2
- 刻み昆布…10g（洗う）

作り方

1. ボウルにaを混ぜて塩を溶かし、みょうがとともに保存容器に入れて保存する。

小松菜の浅漬け

材料● 3カップ弱分

小松菜…1束（200g）

a
- 水…1カップ
- みりん…大さじ2
- 酢…大さじ4
- 塩…小さじ2
- 刻み昆布…10g（洗う）

作り方

1. 小松菜は洗ってざるに入れ、熱湯を上からまわしかけてしっかり絞る。
2. ボウルにaを混ぜて塩を溶かし、1とともに保存容器に入れて保存する。

保存 5日

2種とも共通

キャベツの浅漬け

材料● 4カップ弱分

キャベツ…6枚（300g・ざく切り）

a
- 水…1カップ
- みりん…大さじ2
- 酢…大さじ4
- 塩…小さじ2
- 刻み昆布…10g（洗う）

作り方

1. ボウルに a を混ぜて塩を溶かし、キャベツとともに保存容器に入れて保存する。

保存 5日

豆腐ステーキ、キャベツあんかけ

材料● 2 人分

a
- キャベツの浅漬け…汁気を落として 35g
- 上記の漬け汁…大さじ 3
- 昆布だし…1/2 カップ
- ぶなしめじ…小 1 パック（100g・石づきを落としてほぐす）
- 長ねぎ…10㎝（30g・みじん切り）
- 片栗粉…小さじ 1
- ごま油…小さじ 1

木綿豆腐…1 丁（300g・水きりして横半分に切る）
小麦粉…適量
油…適量

作り方

1. a の材料を鍋に入れて混ぜ、片栗粉を溶かしてから中火にかける。
2. 煮立ったら弱火で 2 分煮て火を止める。
3. 豆腐に小麦粉をはたき、油を熱したフライパンで両面をカリッと焼いて皿に盛り、2 のあんをかける。

キャベツの和風焼きそば

材料● 2 人分

キャベツの浅漬け…汁気を落として 200g
焼きそば用むし麺…2 玉
油…適量
しょうゆ…小さじ 2
小ねぎ…2 本分（小口切り）

作り方

1. フライパンに油を熱してキャベツの浅漬けと麺を炒める。
2. しょうゆで味を調えて皿に盛り、小ねぎを散らす。

ザワークラウト風

材料● 2 人分

キャベツの浅漬け…汁気を落として 130g（細切り）
オリーブオイル…適量
酢…小さじ 1
粗挽き黒コショウ…小さじ 1/4

作り方

1. フライパンにオリーブオイルを熱してキャベツの浅漬けを炒め、酢と黒コショウで味を調え火を止める。

Memo

キャベツをひと玉買ってきて残ったら、ぜひ浅漬けにしてください。モリモリ食べて余ったら、ざく切りキャベツと同じ感覚でほかの野菜とあわせ、野菜炒めにすると味つけいらず。炒飯や焼きそば、焼きうどんなどにもとても便利です。

セロリのラー油浅漬け

＋ラー油

保存5日

材料● 3カップ強分

セロリ…3本（300g・乱切り）

a
- 水…1カップ
- みりん…大さじ2
- 酢…大さじ4
- 塩…小さじ2
- 刻み昆布…10g（洗う）
- ラー油…小さじ1
- にんにく…1片（薄切り）

作り方

1. ボウルにaを混ぜて塩を溶かし、セロリとともに保存容器に入れて冷蔵庫で保存する。

Memo ピリ辛風味がセロリの苦みとよくあって、おつまみにもなる浅漬けです。薄切りにして中華風スープの具材にしたり、サラダに混ぜても美味しいですし、豆腐とサッと炒めるとボリュームあるおかずになります。

長いもの柚子風味浅漬け

＋柚子コショウ

材料● 3カップ弱分

長いも…450g（1㎝角×4㎝長さの棒状に切る）

a
- 水…1カップ
- みりん…大さじ2
- 酢…大さじ4
- 塩…小さじ1
- 刻み昆布…10g（洗う）
- 柚子の皮…1/2個分（細切り）
- 柚子コショウ…小さじ1/2

作り方

1. ボウルにaを混ぜて塩と柚子コショウを溶かし、長いもとともに保存容器に入れて冷蔵庫で保存する。

Memo このままシャキシャキ食べるほか、少し小さく切って納豆に混ぜたり、オクラを加えるなど、ネバネバ同士であえてご飯に添えるのもおすすめです。細切りのピーマンやねぎとあわせ、かき揚げにしても。

パプリカの塩昆布浅漬け

＋塩昆布

保存 5日

材料● 2カップ強分

赤パプリカ、黄パプリカ…各 1/2 個（80g・細切り）

a
- 水…1 カップ
- みりん…大さじ 2
- 酢…大さじ 4
- 塩昆布…大さじ 1

作り方

1. パプリカと a をあわせて、保存容器に入れて冷蔵庫で保存する。

Memo　そのままサラダ感覚でモリモリどうぞ。残りそうなら切り干し大根とこの浅漬けをサッと煮ると、ご飯にぴったりのおかずになります。ゆでたスパゲッティとあえてパプリカの和風パスタもおすすめです。

かぼちゃの
レモン浅漬け

＋レモン

材料● 3カップ弱分

かぼちゃ…300g（薄切りにして長さを半分に切る）
レモン…1/2個（薄切り）

a
- 水…1カップ
- みりん…大さじ2
- 酢…大さじ4
- 塩…小さじ2
- 刻み昆布…10g（洗う）

作り方

1. かぼちゃを熱湯でサッとゆでる。
2. ボウルに a を混ぜて塩を溶かし、1とレモンともに保存容器に入れて保存する。

Memo かぼちゃは堅めに仕上げるとシャキシャキと食べごたえのある浅漬けに。サッとゆでたさつまいもで作っても美味しい。いずれもオリーブオイルとにんにくでソテーするとパンにもあうおかずになります。

簡単ナムル

ごま油と調味料をあわせただけのたれで、好みの野菜をあえて味をなじませるだけ。
日持ちもするし、メインに添えたり、ご飯や麺にのせるなど、使い勝手も抜群。
ナムルはいわば韓国風のマリネです。味つけを少しずつアレンジし、好みの野菜でどうぞ。

三色ナムル

保存 5日

3種とも共通

にんじんナムル

材料● 2カップ分

にんじん…大1本
（200g・細切りでサッとゆでる）

塩…小さじ3/4

ごま油…小さじ2

白粒ごま…大さじ1と1/3

作り方

1 ボウルに材料全部を入れてあえる。

ほうれん草ナムル

材料● 1と1/2カップ分

ほうれん草…1束（200g）

a
- ごま油…小さじ1
- しょうゆ…大さじ1/2
- 塩…少々
- 長ねぎ…5㎝（15g・みじん切り）

作り方

1 ほうれん草はサッとゆでて冷水にとり、水気を絞ってざく切りに。

2 ボウルに1とaを入れてあえる。

豆もやしナムル

材料● 2カップ分

豆もやし…1袋（200g）

a
- 塩…小さじ1/2弱
- ごま油…小さじ1
- 韓国唐辛子粉…小さじ1/4
- おろしにんにく…小さじ1/4

作り方

1 豆もやしは1分ほどゆで、しっかり水気をきる。

2 1が熱いうちにボウルに入れ、aとあえる。

じゃがいもナムル

材料● 2と1/2カップ分

じゃがいも…2個（300g・細切りでサッとゆでる）

a
- ごま油…大さじ1
- 塩…小さじ1/2
- おろしにんにく…小さじ1/4

作り方

1. ボウルにaを入れてじゃがいもとあえる。

保存
5日

じゃがいもと切り干し大根の春巻き

材料● 2個分

a
- じゃがいもナムル…1/2 カップ分（60g）
- 切り干し大根…10g（ざく切りで 1 分水につけて戻す）
- カットわかめ…大さじ 1（3g・1 分水につけて戻す）

春巻きの皮…2 枚
揚げ油…適量

作り方

1. ボウルに a を混ぜて春巻きの皮で包む。
2. 熱した揚げ油で 1 をカラリと揚げる。

まぜ素麺

材料● 2 人分

a
- じゃがいもナムル…1 カップ分（120g）
- 素麺…2 束（100g・2 分ゆでて冷水で締める）
- 小ねぎ…6 本（30g・小口切り）
- 白粒ごま…大さじ 2

b
- コチュジャン…大さじ 1 と 1/3
- 酢、ごま油…各小さじ 2
- しょうゆ…小さじ 1

作り方

1. a を混ぜて皿に盛りつけ、あわせた b のたれをまわしかける。

じゃがいもと塩昆布の即席スープ

材料● 2 人分（2カップ分）

じゃがいもナムル…1 カップ分（120g）
塩昆布…小さじ 2（4g・刻む）
水…1 と 1/2 カップ

作り方

1. 材料全部を鍋に入れて中火にかけ、煮立ったら弱火で 2分ほど煮る。

Memo

サッとゆでるだけでシャキシャキの食感を残したほうが生野菜感覚で飽きずにモリモリ食べられます。紹介したアレンジのほか、ナムル 1/2 カップに小麦粉小さじ 1 を混ぜ、ごま油を熱したフライパンに薄く広げて焼く韓国風ハッシュドポテトもおすすめ。

まいたけとにらのナムル

材料● 1と1/2カップ分

まいたけ…1パック（100g・石づきを落としてほぐす）
にら…1/2束（50g・4㎝長さのざく切り）
ごま油…適量

a
長ねぎ…10㎝（30g・みじん切り）
しょうゆ…大さじ1/2
ごま油…小さじ1

作り方

1. フライパンにごま油を熱してまいたけを炒める。
2. しんなりしてきたらaとにらを加えてザッと炒め、火を止める。

Memo 風味も歯ごたえもよく、このままでも箸が進みますが、うどんと炒めてにらときのこの焼きうどんにしたり、好みのだしやスープ少々を加えて温め、片栗粉でとろみをつけてあんかけ丼にしても美味しいですよ。

オクラと長いものとろとろナムル

材料● 1と3/4カップ分

オクラ…5本（70g・サッとゆでる）
長いも…100g

a
- ごま油…小さじ1
- 塩…小さじ1/4
- おろしにんにく…小さじ1/8

作り方

1. オクラは斜め半分に切り、長いもはビニール袋などに入れてすりこぎで一口大にたたく。
2. ボウルで1とaをあえる。

しそとトマトのナムル

材料● 1と1/2カップ分

トマト…1個（200g）
青じそ…1束（細切り）

a
- ごま油…小さじ1
- 塩…小さじ1/4
- おろしにんにく…小さじ1/8
- しょうゆ…小さじ1/2

作り方

1. トマトのへたをとり、一口大に手でちぎる。
2. ボウルで1と青じそ、aをあえる。

Memo　いずれもサラダ感覚で食べられます。オクラと長いものナムルはごま油で炒めたり、蒸すと長いもの食感がポクポクにかわってそれも美味しい。しそとトマトのナムルは白髪ねぎなどを混ぜて変化をつけても。

塩もみシンプル漬け

サラダがわりにポリポリ食べられる浅漬けは、誰もが大好き。ご飯の最高のお供です。
薬味や調味料をひと工夫したものもいいですが
塩だけの浅漬けは毎日食べても飽きません。
作るのは簡単、日持ちもするのでいろんな野菜の浅漬けが
いつも冷蔵庫にあると嬉しいですね。

保存 1 週間

きゅうりの塩漬け

材料● 3本分

きゅうり…3本（300g・両端を切り落とす）

a | 水…1カップ
  | 塩…12g（水の6%）

作り方

1. きゅうりを保存袋に入れて a を加え、一晩以上保存する。

かぶの塩漬け

材料● 4カップ分

かぶ…中6個（600g・皮をむいて一口大に切る）

a
- 水…1カップ
- 塩…12g（水の6％）

作り方

❶ かぶを保存袋に入れて a を加え、一晩以上保存する。

保存 1週間

かぶの塩漬けと油揚げの煮もの

材料● 2人分

a
- かぶの塩漬け…20個（150g）
- 油揚げ…1枚（60g・油抜きして短冊に切る）
- かぶの塩漬けの漬け汁…大さじ4
- 好みのだし汁…大さじ2
- 酒…大さじ4

しょうゆ…小さじ1/2

作り方

❶ aを鍋に入れて中火にかけ、煮立ったら弱火で8分、かぶがとろりと柔らかくなるまで煮る。しょうゆを加えて火を止める。

かぶの豆乳ポタージュ

材料● 2人分（2と1/2カップ分）

a
- かぶの塩漬け…15個（100g）
- 長ねぎ…20㎝（60g・斜め薄切り）
- 水…1/2カップ
- 塩…小さじ1/4

豆乳…1カップ
クルトン…適量

作り方

❶ aを鍋に入れて蓋をし、中火にかける。
❷ 煮立ったら弱火で5分、かぶが柔らかくなるまで蒸し煮する。
❸ 2と豆乳をフードプロセッサーでポタージュ状にし、鍋に戻してひと煮立ちさせる。あればクルトンなど散らしても。

かぶのガーリックレモンソテー

材料● 2人分

かぶの塩漬け…20個（150g）
にんにく…1片（粗みじん切り）
オリーブオイル…適量
パセリ…適量（粗みじん切り）
レモン…適量

作り方

❶ オリーブオイルとにんにくをフライパンに入れて火にかけ、カリッとなるまで加熱する。
❷ 1にかぶの塩漬けを入れてこんがり炒め、皿に盛りつけてパセリをふる。
❸ くし形に切ったレモンを添え、食べるときに絞る。

Memo

塩漬けしたあとの漬け汁には、野菜の風味や栄養が溶け出しています。それを調味料がわりに使うのもいい方法。紹介した油揚げの煮もののように、煮ものの味つけに使うほか、漬け汁をレモン果汁やオイルとあわせ、ドレッシングにするのもおすすめです。

白菜のポン酢漬け

材料● 2カップ分

白菜…3枚（250g・洗ってざく切り）
市販のポン酢…大さじ3

作り方

1. 白菜とポン酢を保存袋に入れて軽くもみ、冷蔵庫で一晩以上保存する。

Memo 漬けてすぐのフレッシュなのもいいですが、味がなじんだ2日目頃からが美味。漬けすぎると白菜の水分で味が薄まるから4日くらいで食べきって。ざく切りの油揚げとサッと煮たり、豆腐と蒸して副菜にしても。

キャベツの柚子コショウ漬け

材料● 2カップ分

キャベツ…5枚（250g・洗ってざく切り）
塩…小さじ1/2
水…大さじ2
柚子コショウ…小さじ3/4

作り方

1. キャベツを保存袋に入れて塩を混ぜ、袋の上からもみ、軽く水分を落とす。
2. 水と柚子コショウを入れて軽くもみ込み、冷蔵庫で一晩以上保存する。

Memo 調味料は少し控えめにして薄味にしたほうがサラダ感覚でたくさん食べられます。もやしやピーマン、きくらげなどとあわせた野菜炒めや、豆腐と炒めて柚子コショウ風味のキャベツチャンプルーも最高です。

エシャロットの塩麹漬け

保存5日

材料● 1と1/2カップ分

エシャロット…2束（120g）
塩麹…大さじ1

作り方

1. エシャロットの茎の緑色の部分を切り落とし、ひげ根の部分も落とす。
2. 1と塩麹を保存袋に入れて袋の上からもみ、冷蔵庫で一晩以上保存する。

Memo 玉ねぎやにんにくなどと同じく、エシャロットは硫化アリルが豊富で、血液をサラサラにし、体を温めてくれる野菜。浅漬けにするときは茎の部分は落としますが、柔らかいところはみじん切りにしておつゆに散らしたり、かき揚げにしても風味がよくて美味しいです。

豆もやしのゆかり漬け

保存 5日

材料● 2カップ分

豆もやし…１袋（200g）
市販のゆかり…大さじ１

作り方

❶ 豆もやしは熱湯で３分ゆでてざるにあけ、水気をしっかりきる。

❷ １とゆかりを保存袋に入れて袋の上から軽くもみ、冷蔵庫で一晩以上保存する。

Memo 豆もやしはアミノ酸が豊富。ゆで汁にはうま味が溶け出しているからスープとして使うといいですよ。少量の塩とコショウで十分味がまとまります。この豆もやしのゆかり漬けは副菜として食べるほか、細巻きや太巻きの具材など、酢飯との相性は抜群です。

なすの辛子漬け

保存
5日

材料● 3カップ分

なす…2本（200g・1㎝厚さの輪切り）
塩…小さじ1/2
a 白味噌…50g
a 粉辛子…小さじ2

作り方

1. なすをボウルに入れて塩を混ぜ、5分おいて水気をしっかり絞る。
2. aと1を混ぜて保存袋に入れ、冷蔵庫で一晩以上保存する。

Memo レシピの粉辛子が多く感じるかもしれませんが、漬けている間に辛みはほどよく飛ぶので大丈夫。翌日からが味と風味が落ち着いて食べやすくなります。ご飯のお供にも、目先を変えてオリーブオイルで炒めてパスタとからめても、風味がよく意外な美味しさです。

セロリの即席粕漬け

材料● 1 と 1/2 カップ分

セロリ…小２本（150g・2㎝長さのぶつ切り）
塩…小さじ 1/3 強
a みりん…大さじ 1 と 1/2
a 酒粕…30g

作り方

1. ボウルにセロリと塩を入れて軽く塩もみする。
2. a と 1 を保存袋に入れて袋の上からもみ、冷蔵庫で一晩以上保存する。

Memo 漬けてすぐの酒粕が堅めの粕漬けも、時間がたって水が出てゆるくなったものもどちらも美味しい。にんじんやきゅうり、なすなどで作ってもそれぞれ違った風味で楽しめます。このまま食べるほか、味噌を塗ったバゲットやクラッカーにのせたカナッペ風もおすすめ。

Column

手作り混合塩のすすめ

クミン塩

材料●作りやすい分量

クミンシード…適量（フライパンでから煎りする）
塩…適量（クミンシードと同量、写真はクリスタル岩塩）

作り方

❶ クミンシードと塩を混ぜる。

ガーリック塩

材料●作りやすい分量

にんにく…3片（粗みじん切りで110度のオーブンで30分焼く）
塩…適量

作り方

❶ にんにくをフライパンでさらにから煎りし、水分をしっかり飛ばす。
❷ 1と同じくらいのかさの塩を混ぜる。

ローズマリー塩

材料●作りやすい分量

ローズマリー…適量（フライパンでから煎りする）
塩…適量（ローズマリーと同量、写真は岩塩）

作り方

❶ ローズマリーと塩を混ぜる。

ねぎ塩

材料●作りやすい分量

長ねぎ…1本（粗みじん切りで110度のオーブンで30分焼く）
塩…適量

作り方

❶ 長ねぎをフライパンでさらにから煎りし、水分をしっかり飛ばす。
❷ 1と同じくらいのかさの塩を混ぜる。

市販の調味塩

写真左から時計まわりに

- 『スパイスアップ　ハーブソルト』ローズマリー、ローリエ、セロリなどのハーブにガーリック風味が加わった調味塩。
- 『オリーブハーブソルト』マジョラム、バジル、黒コショウ、白コショウなどにオリーブの葉と岩塩がブレンドされた調味塩は小豆島で生産されたもの。
- 『胡椒ごま塩』ごま、岩塩、コショウ、玉ねぎが入っている調味塩。コショウの辛さがクセになる変わりごま塩はわが家の愛用品。
- 『山ぶどう塩』農薬を使用しない岩手県八幡平山ぶどう農園の山ぶどうジュースと純度の高い三陸宮古の天然塩を温泉の地熱で乾燥させて作られた調味塩。生野菜に添えるなどナチュラルな色彩を楽しみたい。http://hachimantai.shop/

chapter 3 味がなじむほどに美味しくなる常備菜サラダ

作りたてのシャキシャキサラダも美味しいけれど、味がなじんだサラダは
おかず感覚でご飯やパン、麺のお供にいいものです。
しんなりしたサラダをサンドイッチにしても美味しくて、
フレッシュサラダとは違った魅力が楽しめるから、ぜひたっぷりと仕込みましょう。
常備菜感覚のサラダは日持ちのために酢や梅干しを使ったり、塩をきかせるのもポイントです。

シンプル味しみ キャロットラペ

材料● 2カップ分

にんじん…大1本（200g・ごく細く切る）
塩…小さじ2/3
a｜レモン果汁、オリーブオイル…各大さじ1と1/3

作り方

1. ボウルににんじんと塩を入れて混ぜ、3分おいてから水気を軽く絞る。
2. 1とaをあえる。

保存
5日

にんじん卯の花

材料● 2 人分

キャロットラペ…1/2 カップ分
（60g・ザクザク刻む）
おから…1 カップ分（90g）
昆布だし…1 カップ
みりん…大さじ 1
塩…小さじ 1/4
しょうゆ…小さじ 1

作り方

1. 材料全部をフライパンに入れて中火にかけ、かき混ぜながら炒りつける。

芽ひじきとにんじんのソテー

材料● 2 人分

キャロットラペ
…3/4 カップ強分（100g）
芽ひじき…大さじ 1 と 1/3
（5g・洗う）
酒…大さじ 1 と 1/3
オリーブオイル…適量
三つ葉…適量

作り方

1. フライパンにオリーブオイルを熱して芽ひじきを炒め、酒をふってさらに炒める。
2. 芽ひじきが戻ったらキャロットラペを炒めあわせて火を止める。器に盛りつけて三つ葉を散らす。

切り干し大根とにんじんのさっぱり煮

材料● 2 人分

a
キャロットラペ
…1/4 カップ分（30g）
切り干し大根
…20g（洗ってざく切り）
水…3/4 カップ

塩、粗挽き黒コショウ
…各小さじ 1/8
水菜…30g（ざく切り）

作り方

1. a を鍋に入れて中火にかけ、煮立ったら弱火で 3 分煮る。
2. 塩と黒コショウを入れ、水分がほぼなくなるまで煮含め、火を止める。
3. 水菜を混ぜ込んで、盛りつける。

Memo

ライ麦パンなどでサンドイッチにしたり、カナッペの具材にするなど常備すると重宝です。少し強めに塩気をきかせるのがにんじんの甘みを引き出すコツ。にんじんに豊富なβカロテンは油と一緒にとると吸収が高まるから、オリーブオイルは気持ち多めに。

豆乳マヨネーズのコールスロー

材料● 2と1/4カップ分

a
キャベツ…4枚（200g・細切り）
にんじん…1/5本（30g・細切り）
塩…小さじ1/2

b
豆乳、酢、白味噌…各大さじ1と1/2
オリーブオイル…小さじ1
粒マスタード…小さじ1/2

作り方

1. aをボウルに入れて混ぜ、10分おいてしっかり水気を絞る。
2. bを混ぜあわせた豆乳マヨネーズと1をあえる。

Memo 豆乳と酢、白味噌をあわせるとマヨネーズ風のドレッシングになります。この豆乳マヨネーズ風でキャベツをあえたヘルシーレシピ。にんじんのかわりに玉ねぎやピーマンでも。野菜は塩もみした上で水きりをしっかりしておくのが日持ちさせるポイント。

かぼちゃマッシュのマカロニサラダ

材料● 1と1/2カップ強分

マカロニ…40g（袋の指示通りゆでる）

a
- オリーブオイル、酢…各小さじ1
- 塩…小さじ1/4

b
- かぼちゃ…40g（ゆでてマッシュする）
- 豆乳…大さじ1と1/2
- 酢…小さじ1
- 白味噌…小さじ1
- 塩…小さじ1/4

ズッキーニ、赤パプリカ…各30g
（8㎜角に切ってサッとゆでる）

作り方

1. マカロニをゆでて水気をきったらaであえておく。
2. bを混ぜてドレッシングを作る。
3. ボウルに1と2、野菜を入れてあえる。

Memo ドレッシングはP82同様、豆乳マヨネーズ風ですが、そこにマッシュしたかぼちゃを加えると甘みがプラスされ、よりリッチな味に。いつものマヨネーズとはひと味違う美味しさです。このドレッシングで、ゆでたじゃがいもなどをあえても。

ブロッコリーの ガーリック梅マヨサラダ

材料● 3と1/2カップ弱分

ブロッコリー…大1株（300g・小房にわける）
塩…適量
にんにく…1片（粗みじん切り）
揚げ油…適量
a｜梅干し…中1個（10g・包丁で実を叩く）
　｜植物性マヨネーズ…大さじ3

作り方

1. 塩を入れた熱湯でブロッコリーを1分ゆでる。
2. 熱した揚げ油でにんにくをきつね色になるまで揚げる。
3. ボウルに2とaを入れて混ぜあわせ、粗熱をとった1をあえる。

保存 4日

ブロッコリーの梅マヨ炒飯

材料● 2人分

ブロッコリーの
　ガーリック梅マヨサラダ
　…150g（ざく切り）
ご飯…300g
油…適量
しょうゆ…大さじ 1/2

作り方

1. 油を熱してブロッコリーの梅マヨサラダとご飯を炒める。
2. しょうゆで味を調える。

ブロッコリーとパンのグリル

材料● 2人分

ブロッコリーの
　ガーリック梅マヨサラダ
　…160g
バゲット…60g（食べやすく切る）
オリーブオイル…大さじ 2

作り方

1. ブロッコリーの梅マヨサラダとバゲットをあえて耐熱容器に入れ、オリーブオイルをまわしかける。
2. 250 度のオーブンに入れ、8 分焼く。

ブロッコリーとおからの豆乳サラダ

材料● 2人分

ブロッコリーの
　ガーリック梅マヨサラダ
　…80g（1㎝角に切る）
おから…3/4 カップ分（100g）
豆乳…1/4 カップ
植物性マヨネーズ
　…大さじ 1 と 1/2

作り方

1. おからをフライパンでから煎りする。
2. 1がサラサラになったらブロッコリーの梅マヨサラダを炒めあわせる。
3. 豆乳とマヨネーズを入れて1分炒りつけ、火を止める。

Memo

マヨネーズは市販の植物性のものですが、お好みのタイプも可。普通のマヨネーズも植物性マヨネーズも酢を使っているので、マヨネーズを使ったサラダは案外日持ちします。ただし、水分が出ると傷みやすくなるから、ブロッコリーをゆでたらざるにあけ、粗熱をとりながらしっかり水気をきりましょう。

ポテトサラダ3種

角切りじゃがいもとちぎりキャベツの粒マスタードサラダ

材料 ● **1と1/2カップ分**

じゃがいも…1個
（150g・ゆでて1㎝角に切る）
キャベツ…1枚
（50g・サッとゆでて1㎝角に切る）
にんにく…1片（粗みじん切り）
揚げ油…適量

a
粒マスタード…小さじ1
酢…小さじ1
オリーブオイル…小さじ1
しょうゆ…小さじ1/2

作り方

1. 油を熱してにんにくをカリッと揚げる。
2. ボウルに1とaを入れて混ぜ、じゃがいも、キャベツをあえる。

保存5日

オリーブとピンクペッパーの大人のポテトサラダ

材料● 2カップ分

じゃがいも…2個（300g・ゆでてマッシュ）

a
- ブラックオリーブ（種無し）…10粒（35g・粗く刻む）
- 塩…小さじ1/2
- オリーブオイル…大さじ1と1/3

ピンクペッパー…10粒（軽くつぶす）

作り方

1. ボウルにじゃがいもとaを入れて混ぜ、あえて盛りつけ、ピンクペッパーを散らす。

コチュジャンマヨネーズの韓国風ポテトサラダ

材料● 2カップ分

じゃがいも…2個
（300g・ゆでてマッシュ）

a
- 植物性マヨネーズ…大さじ2
- コチュジャン…小さじ1
- 白粒ごま…大さじ1と1/3
- ごま油…小さじ1

春菊…20g（ざく切り）

作り方

1. ボウルにじゃがいもとaを入れて、しっかり混ぜる。
2. 1に春菊を混ぜ込む。

春雨サラダ3種

香味野菜のシンプル春雨サラダ

右ページ・上左

材料● 2と1/2カップ分

春雨…40g（ゆでて戻し、ざく切り）
青じそ…2束（20g・細切り）
みょうが…4個（80g・せん切り）
しょうが…1片（針しょうがに刻む）
a｜酒、しょうゆ、酢…各大さじ2

作り方

1. aを小鍋でひと煮立ちさせ、粗熱をとる。
2. ボウルに1と春雨をあわせ、青じそ、みょうが、しょうがを加え、あえる。

根菜とナッツの春雨サラダ

右ページ・上右

材料● 2カップ分

春雨…20g（ゆでて戻し、ざく切り）
ごぼう…20g（ささがきにしてゆでる）
れんこん、にんじん…各20g
（細切りにしてゆでる）
水菜…30g（ざく切り）
a｜くるみ…4粒（12g・粗く刻む）
　｜落花生…5粒（5g・粗く刻む）
　｜味噌…小さじ2
　｜酢、みりん…各小さじ1

作り方

1. aをあわせておく。
2. 残りの材料をボウルに入れ、1であえる。

春雨のタイ風サラダ

右ページ・下

材料● 1と3/4カップ分

春雨…20g（ゆでて戻し、ざく切り）
紫玉ねぎ…1/7個（30g・薄切りにして水にさらす）
もやし…30g（サッとゆでてしっかり水をきる）
きくらげ…2枚（1g・ゆでて戻し、細切りにする）
エリンギ…小1本（50g・細切りにして素揚げする）
にんじん…10g（細切りにしてサッとゆでる）
クレソン…10g（ざく切り）
a｜レモン果汁…大さじ1
　｜しょうゆ…小さじ2
　｜砂糖…小さじ1/2
　｜赤唐辛子…1本（小口切り）

作り方

1. aをあわせておく。
2. 残りの材料をボウルに入れて、1であえる。

保存 5日
3種とも共通

Memo

春雨サラダを作りおくときは、ドレッシングでしっかり味をなじませるのがコツ。ドレッシングがなじんでいないと春雨同士が固まって食べにくくなります。万一固まってしまったら少量のオイルやポン酢など、液体を足してかき混ぜればうまくほぐれます。

ゆでごぼうの
ごまサラダ

材料● 1と1/4カップ分

ごぼう…1本（150g・皮をこそげてぶつ切り）

a 黒すりごま…大さじ3
a 市販のポン酢…大さじ2

作り方

1. ごぼうは熱湯で1分ゆでる。
2. 1の水気をしっかりきり、熱いうちにaであえる。

Memo 味がなじむほど美味しく、お総菜感覚で食べられるサラダです。薄切りにして白あえや卯の花の具材にしたり、酢飯に混ぜて簡単混ぜ寿司、玉ねぎやにんじんなどとかき揚げにしても。同じ味つけ、同じ作り方でにんじんやれんこんのごまサラダもおすすめ。

アスパラガスの
ねぎ塩サラダ

材料● 2カップ分

アスパラガス…2把（200g・食べやすく切る）

a
- 長ねぎ…20㎝（60g・みじん切り）
- 塩…小さじ1/3
- ごま油…小さじ2

作り方

1. アスパラガスは塩ゆでする。
2. aをあわせて3分以上おき、味をなじませる。
3. 1と2をあえる。

Memo 気持ち強めに塩気をきかせたほうが日持ちします。ペペロンチーノパスタに混ぜてもいいですが、その場合はパスタに使うオイルもオリーブオイルではなくごま油にし、中華風ペペロンチーノに仕立てます。約1㎝長さに切りそろえ、炒飯の具材にしても。

トマトと玉ねぎのレモンサラダ

材料●約2と1/2カップ分

トマト…1個（200g・1cm厚さの輪切り）
玉ねぎ…1/2個（100g・薄切りで水にさらす）
レモン…1/2個（薄い輪切り）
a 塩…小さじ1/4
　オリーブオイル…大さじ1

作り方

1. ボウルで玉ねぎとレモン、aをあえて3分以上おき、味をなじませる。
2. 1とトマトをあえる。

Memo 完熟したトマトだと、作って時間がたつと崩れてくることも。少し堅めのトマトで作るのがおすすめです。トマトのリコピンは油と一緒にとると吸収がよくなるので、オリーブオイルはぜひ入れて。残ったらざく切りにして冷製パスタの具材にどうぞ。

セロリときゅうりの韓国風サラダ

材料● 1と1/2カップ分

セロリ…1/2本（50g・薄切り）
きゅうり…1本（100g・3等分に切って縦に薄切り）

a
- 長ねぎ…5㎝（15g・みじん切り）
- おろしにんにく…小さじ1/8
- しょうゆ…大さじ1/2
- ごま油…小さじ2

作り方

1. aをボウルで混ぜあわせ、セロリときゅうりをあえて味をなじませる。

Memo 作ってすぐのシャキシャキのものも、時間がたって浅漬け風にしんなりしたところも美味しい。素麺や冷やし中華のトッピングにもよくあいます。きゅうりとセロリの組み合わせのほか、薄切りのにんじんや大根、かぶ、サッとゆでたれんこんもおすすめ。

白い野菜のバジルオイルサラダ

材料● 3カップ強分

れんこん、大根、かぶ…各150g

a
- バジルの葉…10g
- オリーブオイル…1/4カップ
- 塩…小さじ1/2弱
- 白ワインビネガー…大さじ2
- にんにく…1/4片

作り方

1. れんこんは8㎜厚さの半月切り、大根は8㎜厚さの短冊切り、かぶはくし形切りにし、それぞれ1分ゆでる。
2. aをフードプロセッサーでペースト状にし、1をあえる。

Memo 白身魚のソテーや豆腐ステーキ、野菜のグリルなど、さっぱりした洋風料理のつけあわせにおすすめ。バジルが手に入りにくいときは、青じそで代用も可。白い野菜で統一すると色がきれいに仕上がりますが、ブロッコリーやにんじん、ごぼうなどで作っても美味しいです。

焼きアボカドと玉ねぎのサラダ

保存 4日

材料● 1と1/4カップ分

アボカド…1/2個（100g・1.5㎝角に切って焼き網でこんがり焼く。またはグリルの強で5～6分）
トマト…1/2個（100g・1.5㎝角に切る）
玉ねぎ…1/4個（50g・粗みじん切りで水にさらす）

a
- オリーブオイル、酢…各小さじ2
- 塩…小さじ1/4
- 粗挽き黒コショウ…小さじ1/4
- おろしにんにく…小さじ1/8

作り方

① 玉ねぎとaをあえ、5分おいて味をなじませ、アボカドとトマトを混ぜる。

Memo アボカドのサラダは時間がたつと黒く変色してしまいがち。日持ちさせたいサラダなら、アボカドを切ったあとレモン果汁であえると変色しにくいですが、レシピのように一度こんがり焼いておけば変色を防げます。

夏野菜とひじきの煮もの

材料 ● 3カップ分

乾燥芽ひじき…20g（水で戻す）
トマト…1個（ざく切り）
ピーマン…2個（1cm角に切る）
黄パプリカ…小1個（1cm角に切る）
a
しょうゆ…大さじ1と1/2
酒…大さじ1
粗挽き黒コショウ…小さじ1/2
オリーブオイル…適量

作り方

1. フライパンにオリーブオイルを熱して芽ひじき、トマト、ピーマン、黄パプリカをザッと炒める。
2. ひたひたの水を加えて中火で加熱し、煮立ったら弱火にして3分煮る。aを加えてさらに煮詰める。
3. 煮汁がほぼなくなったら火を止める。

ひじき入りトマトスープ

材料 ● 1人分

トマト・ざく切り
…大1個（250g）
夏野菜とひじきの煮もの…30g
塩…ひとつまみ
水…1/4カップ

作り方

1. 材料全部を鍋に入れ、蓋をして中火にかける。
2. 煮立ったら弱火にし、6～7分煮る。

ひじき入りミニがんも

材料 ● 1人分

夏野菜とひじきの煮もの
…大さじ1（汁気は落とす）
木綿豆腐
…1/3丁（100g・水切りする）
片栗粉…大さじ1
油…適量

作り方

1. 豆腐、夏野菜とひじきの煮もの、片栗粉をボウルに入れて混ぜあわせ、ピンポン球くらいの大きさに丸める。
2. 熱した油でカラリと揚げる。皿に盛り、くし形に切ったレモンと塩（ともに材料外）を添える。

おじゃがとひじきのハンバーグ風

材料 ● 1人分

夏野菜とひじきの煮もの…50g
じゃがいもペースト（P166）
…100g
油…適量

作り方

1. じゃがいもに夏野菜とひじきの煮ものを混ぜてハンバーグ形にまとめる。フライパンに油を熱して両面をこんがり焼く。

盛りつけ

グリーンアスパラガスとにんじんをゆで、つけあわせにして盛る。

Memo おなじみのひじき煮も夏野菜とあわせると彩りよくお洒落な仕上がり。秋ならきのこ、冬は根菜、春はキャベツやにんじんなど旬の食材を夏野菜の分量と同じくらい用意し、アレンジしても。きのこはうま味が出るから薄味にするのがコツ。

白菜とオレンジのサラダ

材料● 3カップ分

白菜…200g（1㎝幅に切る）
塩…小さじ1/2
オレンジ…1個
（300g・皮をむいて薄いくし形切り）

a
オリーブオイル…大さじ3と1/3
酢…大さじ1と1/3
塩…小さじ1/2
柚子コショウ…小さじ1/2

作り方

1. ポリ袋に白菜と塩を入れて全体を混ぜ、10分おいたら水気を絞る。
2. 1にオレンジを入れ、別にあわせておいたaを加え混ぜる。

Memo 白菜の水きりをしっかりしておくのが日持ちさせるコツ。水切りがあまいと、数日たつと水が出すぎて味が薄まり、傷みやすくなります。味つけは柚子コショウのほか、しょうがもよくあいます。

揚げ野菜の南蛮漬け

材料● 2人分

なす…小1本（80g・縦に6等分に切る）
ズッキーニ…1/2本（75g・1㎝厚さの輪切り）
ししとう…10個
（爪楊枝で数か所つついて穴をあける）
揚げ油…適量
玉ねぎ…1/4個（50g・薄切り）

a
- 昆布だし…1/4カップ
- 酢…大さじ2
- みりん、酒、しょうゆ…各小さじ2
- 赤唐辛子…1本（半分に切る）

作り方

1. aをひと煮立ちさせて粗熱をとる。
2. 1に玉ねぎを加え、味をなじませる。
3. 揚げ油を熱してなす、ズッキーニ、ししとうをそれぞれ素揚げし、熱いうちに2に漬ける。

Memo ご飯にあい、日持ちもする便利なサラダです。時間がたつと玉ねぎがしんなりしますが、それも美味しい。シャキシャキした歯ごたえがほしければ、食べるつど、薄切りのセロリなどを加えてもいいですね。

彩り野菜の白あえサラダ

材料● 2人分

a
- ゴーヤ、さつまいも、にんじん…各30g（1cm角に切ってゆでる）
- 冷凍コーン…40g（サッとゆでる）
- 味噌…小さじ2

木綿豆腐…2/3丁（200g・しっかり水きりする）
白すりごま…大さじ2
酢、白味噌…各大さじ1と1/3
グリーンリーフ…1枚

作り方

1. aをあえて3分おき、味をなじませる。
2. 木綿豆腐、白すりごま、酢、白味噌をすり鉢であたり、1を加えてあえる。グリーンリーフを添えて器に盛る。

Memo 白あえも衣に酢を少々加えるとチーズであえたような濃厚な味に。具材は季節によって変更しても。冬ならシャキシャキの歯ごたえのれんこんや大根、秋ならサッと炒めたきのこ類もおすすめです。

プチ野菜の焼きびたし

材料● 2人分

ししとう…10個（35g）
オクラ…5本（60g・がくをとり、斜め半分に切る）
プチトマト…10個（130g・へたをとる）

a
- 昆布だし…1/2カップ
- しょうゆ…大さじ2
- みりん…大さじ2

作り方

1. aをひと煮立ちさせて粗熱をとる。
2. 焼き網を熱してししとう、オクラ、プチトマトをそれぞれ焦げ目がつくまで焼く。
3. 1に2をつけ、味をなじませる。

Memo 小ぶりの野菜を使うレシピですが、食べやすく切ったピーマンやパプリカ、ゴーヤ、かぼちゃなどでも。だしじょうゆに少々酢を加えるとさっぱり味になります。

切り干し大根とにんじん、きゅうりのごまドレあえ

材料● 2カップ分

きゅうり…2本（200g・細切り）
にんじん…50g（せん切り）
切り干し大根…40g（洗ってざく切り）
塩…小さじ 1/2

a
- 練りごま…大さじ3
- しょうゆ…大さじ1
- 酢…大さじ1

作り方

1. きゅうりとにんじん、切り干し大根をポリ袋に入れて、塩を加えたら 10 分おく。
2. aをあわせて、ごま風味のドレッシングを作り、1に入れて味をなじませる。

Memo 洗っただけ、戻さない切り干し大根がきゅうりの水分を吸い、数日たってもシャキシャキした食感を保ちます。にんじんのほか、ゆでもやしをあわせても美味しいですよ。

chapter 4

かんたん仕込みで超時短！ 野菜だしでおかずスープ

疲れた日、忙しい日こそ、野菜のスープや汁ものがうれしいですね。
でも、野菜をひとつひとつ切ることから始めることを思うと、おっくうになってしまいがち。
野菜をまとめてカットして冷凍するだけの便利なスープのもとや、
コトコト煮込んだり、じっくり炒めたうま味のもとを用意しましょう。
これさえあれば、パパッとできてまずは１品！ 本当に大助かりです。

洋風ミックス

保存 5日

材料●作りやすい分量

玉ねぎ…200g（1㎝角に切る）
セロリ…200g（1㎝角に切る）
にんじん…200g（1㎝角に切る）

作り方

1. 材料をストック袋などに入れて冷蔵庫で保存する。

Memo 野菜を角切りにし、冷蔵か冷凍で保存するだけですが、使い勝手は抜群。炒めて水で煮、味をつけるだけで料理が完成するのは甘みの出る野菜、うま味や風味の出る野菜３種の組み合わせだから。紹介したスープのほか、カレーやシチューの味のベースやピラフなど、何かと重宝します。

プレーンスープ

材料●１人分

洋風ミックス
…1カップ分（110g）
オリーブオイル…大さじ２
塩…小さじ 1/2
水…1と 1/2 カップ

作り方

1. 鍋にオリーブオイルを熱して洋風ミックスを炒める。
2. 塩をふり１～２分、野菜がしんなりしたら水を注いで５分煮込んで火を止める。

＋豆乳　豆乳スープ

材料● 1 人分

洋風ミックス…1 カップ分（110g）
油…大さじ 1
豆乳…1 と 1/2 カップ
塩…小さじ 1/2 弱

作り方

1. 鍋に油を熱して洋風ミックスを炒め、豆乳を注いで 3 分煮込む。
2. 塩で味をつける。

＋トマトジュース　トマトスープ

材料● 1 人分

洋風ミックス…1 カップ分（110g）
オリーブオイル…大さじ 1
パプリカパウダー…小さじ 1/4
無塩トマトジュース…1 と 1/2 カップ
塩…小さじ 1/4

作り方

1. オリーブオイルを熱して洋風ミックスを 3 分炒める。
2. パプリカパウダーを炒めあわせてからトマトジュースと塩を加えてひと煮立ちさせる。

＋クリームコーン　コーンポタージュ

材料● 1 人分

洋風ミックス…1 カップ分（110g）
油…大さじ 1
クリームコーン缶…3/4 カップ（150g）
水…3/4 カップ
塩…小さじ 1/4

作り方

1. 鍋に油を熱して洋風ミックスを炒め、水を注いで 3 分煮込む。
2. クリームコーン缶と塩を加えてひと煮立ちで火を止める。

保存
5日

和風ミックス

材料●作りやすい分量

長ねぎ…200g
（1㎝長さに切る）
しいたけ…200g（薄切り）
油揚げ…大２枚
（100g・短冊切り）

作り方

1. 材料全部を保存袋などに入れて冷凍保存する。
＊冷蔵で５日保存可。しいたけは変色するため冷凍がおすすめ。

Memo ねぎとしいたけでだしが出て、油揚げでボリュームも出る。和風の汁ものにこれさえあればの組み合わせ。紹介した汁もののほか、炒り豆腐やひじきの炒り煮、卵の花煮の具材にも。冷蔵庫に野菜が何もないとき、この冷凍ストックがあれば、炒飯や焼きうどんもすぐできます。

梅味すまし汁

材料● 1人分

和風ミックス…1/2 カップ分（40g）
梅干し…大１個（箸でほぐす）
水…１カップ

作り方

1. 材料全部を鍋に入れ中火にかける。
2. 煮立ったら弱火で３分煮る。

＋焼き海苔　海苔しょうがスープ

材料● 1 人分

a
- 和風ミックス…1/2 カップ分（40g）
- 水…1 カップ

焼き海苔全形…1 枚（ちぎる）
塩…小さじ 1/4
しょうゆ…小さじ 1/4
おろししょうが…小さじ 1/2

作り方

1. a を鍋に入れて中火にかけ、煮立ったら弱火で 3 分煮る。
2. 海苔、塩、しょうゆを入れてひと煮立ちさせ、器に盛っておろししょうがをのせる。

＋塩昆布　塩昆布けんちん汁

材料● 1 人分

和風ミックス…1/2 カップ分（40g）
水…1 カップ
塩昆布…大さじ 1（5g・みじん切り）
木綿豆腐…50g（さいの目切り）

作り方

1. 材料全部を鍋に入れ中火にかけ、煮立ったら弱火で 3 分煮込む。

＋ざく切りえのき　きのこ味噌汁

材料● 1 人分

a
- 和風ミックス…1/2 カップ分（40g）
- 水…1 カップ
- えのきだけ…100g（根元を落としてざく切り）

味噌…大さじ 1/2

作り方

1. a を鍋に入れて中火にかけ、煮立ったら弱火で 3 分煮る。
2. 味噌を溶き入れ、火を止める。

冷凍キャベツストック

保存 1か月

Memo

ざく切りキャベツを冷凍しただけですが、冷凍することでキャベツの繊維が壊れ、短時間で火が通りやすくなるのです。味しみもよくなって、スープにうってつけ！　豆乳でシチュー風、カレーにもおすすめです。

ミニトマトとキャベツのサッと煮スープ 右ページ・上

材料● 1人分

冷凍キャベツストック…50g
ミニトマト（へたをとって半分に切る）…5個
水…1カップ
塩…小さじ1/4
黒粒コショウ…3粒（乳鉢・または瓶の底などでつぶす）

作り方

1. 材料全部を鍋に入れて中火にかけ、煮立ったら弱火で3分煮て火を止める。

冷凍白菜ストック

保存 1か月

Memo

クタクタに煮えた白菜スープも、冷凍白菜ストックなら5分もあればできあがり。歯ごたえを残したいときは、サッと煮てシャキシャキ食感の中華風スープや、油揚げとあわせた煮びたしなどに。あれこれ使えて便利です。

なめこと白菜のとろとろスープ 右ページ・下

材料● 1人分

a
冷凍白菜ストック…80g
水…1カップ
酒…大さじ1
しょうゆ…大さじ1
しょうが…5g（みじん切り）

なめこ…1袋（100g）

作り方

1. aを鍋に入れて中火にかけ、煮立ったら弱火で5分煮る。
2. なめこを入れて軽く煮て、火を止める。

Arrange Recipe

干しきのこ ミックス

保存 1か月

材料●作りやすい分量

えのきだけ…3パック
（根本を落として2等分に切り、ほぐす）
まいたけ…3パック
（石づきを落としてほぐす）
ぶなしめじ…3パック
（石づきを落としてほぐす）

作り方

1. 盆ざるなどに広げてしっかり水分が抜けるまで干す。
＊ビニール袋や密閉容器に入れ、常温でストックする。

Memo きのこ類は、しっかり干すとしいたけ同様うま味がギューッと詰まり、だし素材になります。ここでは3種のミックスで。加熱してもシャキッとした歯ごたえが楽しめ、うま味も増してこの上ない美味しさです。3日程度干してカラカラにすれば常温で長期保存が可能（ビニール袋に入れると、匂い移りがしません）。

プレーンスープ

材料● 1人分

干しきのこミックス
…1/2カップ分（12g）
水…1と1/2カップ
塩…小さじ1/4

作り方

1. 鍋に干しきのこミックスと水を入れ3分煮たら、塩で味を調える。

干しきのこのあっさりうどん

材料● 1 人分

a
- 干しきのこミックス…1/2 カップ分（12g）
- 水…1 と 1/2 カップ
- 薄口しょうゆ…大さじ 2

うどん（生麺）…1 玉
小ねぎ（小口切り）…適量

作り方

1. a を鍋に入れ 3 分煮て、麺つゆを作る。
2. 湯通ししたうどんをどんぶりに入れて 1 をかけ、小ねぎを散らす。

干しきのことオクラのジュレ寄せ

材料● 2 人分

a
- 干しきのこミックス…1/2 カップ分（12g）
- 水…1 カップ
- 粉寒天…1.5g

ポン酢…小さじ 2
オクラ…2 本（ゆでて小口切り）

作り方

1. a を鍋に入れて中火にかけ、沸騰したら弱火で 2 分煮る。
2. ポン酢とオクラを 1 に入れ、器に流しこみ、冷やし固める。

干しきのこの豆腐たっぷりチゲ

材料● 1 人分

a
- 干しきのこミックス…1/2 カップ分（12g）
- 水…200g
- キムチ…1/4 カップ分（50g）
- しょうゆ…小さじ 1

木綿豆腐…約 1/4 丁（80g）
しらたき…80g（ざく切り）

作り方

1. a を鍋に入れて中火にかけ、煮立ったら弱火で 3 分煮る。
2. 豆腐としらたきを 1 に入れて軽く温め、器に盛る。

根菜の薄味きんぴら

材料● 3と1/2カップ分

a
- ごぼう…150g（細切り）
- れんこん…120g（半月切り）
- にんじん…120g（細切り）

ごま油…適量
酒…80ml
しょうゆ…小さじ1

作り方

1. フライパンにごま油を熱してaを加えたら、中火で炒め、酒としょうゆで味を調える。

保存 5日

Memo

このままきんぴらとして食べるには薄味に感じるくらいが、常備菜としてはちょうどいい。根菜類は味が深いから、けんちんや具だくさん味噌汁、和風シチューなど汁ものにアレンジすると、だしいらずで美味しい。もちろん少し味を強めて副菜にしたり、刻んで炒り豆腐や豆腐バーグの具材にも。

具だくさん味噌汁

材料● 1人分

a
- 根菜の薄味きんぴら …1/2 カップ分（50g）
- 水…3/4 カップ
- 木綿豆腐 …50g（さいの目切り）

味噌…小さじ 1 強
すり白ごま…小さじ 1

作り方

1. a を鍋に入れて中火にかけ、2 分煮る。火を止め味噌を溶き入れる。

＊味噌は種類により塩味が異なるので分量は目安。具材に味がついている分、加減して加える。

Arrange Recipe

あんかけそば

材料● 1人分

a
- 根菜の薄味きんぴら …1/2 カップ分（50g）
- 水…1 と 1/2 カップ
- 酒…大さじ 1
- 薄口しょうゆ…大さじ 1 と 1/3

片栗粉…小さじ 1
（3 倍量の水で溶く）
そば…100g
（ゆでて冷水でしめる）
とろろ昆布…3g
小ねぎ…適量（小口切り）

作り方

1. 鍋に a を加えて 3 分煮、水溶き片栗粉でとろみをつける。
2. そばを軽く温めてどんぶりに入れ、1 を注ぎ、とろろ昆布とねぎをのせる。

トマトの味噌煮

材料● 2と1/2カップ分(460g)

トマト…2個（450g・くし形切り）
味噌…大さじ1と1/2
オリーブオイル…大さじ1/2
にんにく…1片半分（15g・おろす）

作り方

1. 材料全部を鍋に入れて蓋をし、中火にかける。
2. フツフツしてきたら弱火で6〜7分煮、トマトがややくずれるまで煮る。

保存 5日

Memo

トマトにはうま味成分がたっぷりで、味噌にはこく出し効果が。こうしてあらかじめ煮ておけば、トマトスープや、ほかの素材とあわせてトマト煮込みもすぐできます。カレー粉とありあわせの野菜でサッと煮てカレーに、チリパウダーと豆を足してチリコンカン、さらに煮詰めてパスタソースにも使えます。

トマトおじや

材料●1人分

玉ねぎ…20g（粗みじん切り）
ピーマン…1個（粗みじん切り）
トマトの味噌煮…100g
しょうゆ…小さじ1
ご飯…100g
（ざるに入れ水洗いする）
水…1/2カップ

作り方

1. 材料全部を鍋に入れ、中火で2〜3分煮る。

Arrange Recipe

簡単・和風ミネストローネ

材料●1人分

a
トマトの味噌煮…100g
大根…20g（1cm角に切る）
かぶ…20g（1cm角に切る）
にんじん…20g（1cm角に切る）
水…1/2カップ

塩…小さじ1/4

作り方

1. 鍋にaを入れて中火で3分煮たら塩で調味する。

飴色玉ねぎ

材料● 2と1/2カップ分(300g)

玉ねぎ…900g（粗みじん切り）
油…大さじ3

作り方

1. フライパンに油を熱し、玉ねぎを加える。弱火でじっくり、玉ねぎが飴色になるまでソテーする。＊焦げやすいので注意。

保存 5日

Memo

カレー、デミグラスソースなど、味のベースになる飴色玉ねぎは炒め時間はかかりますが、最高のうま味素材です。紹介したアレンジのほか、洋風スープ全般に。またトマトソースにちょっと足したり、マッシュしたじゃがいもに足してコロッケに、しょうゆや味噌とあわせてディップにも。

欧風カレー

材料● 2人分

飴色玉ねぎ…100g
にんじん…45g（いちょう切り）
マッシュルーム…5個（薄切り）
小麦粉…大さじ1/2
カレー粉…小さじ2と1/4
油…適量
a カットトマト缶…3/4カップ
　しょうゆ…大さじ1
　ケチャップ…大さじ1と1/2
　ウスターソース…大さじ1と1/2
　水…3/4カップ

作り方

1. 鍋に油を熱し、飴色玉ねぎとにんじん、マッシュルームを入れ、油がまわったら小麦粉とカレー粉を炒めあわせる。
2. aを加えて3分煮込む。

Arrange Recipe

オニオングラタンスープ

材料● 1人分

a 飴色玉ねぎ…100g
　にんにく…小1片（みじん切り）
水…1と1/2カップ
塩…小さじ1/4強
バゲット…薄切り1枚
豆乳チーズ…10g

作り方

1. aを鍋で炒めあわせる。
2. 水と塩を入れてひと煮立ちさせる。
3. 2を耐熱容器に入れてバゲットにチーズをのせ、250度のオーブンで7～8分焼く。

＊豆乳チーズは普通のとろけるチーズ、グリュイエールチーズなどに替えてもOK。

朝10分で らくらくスープ弁当

ご紹介してきたカットするだけ、干すだけのうま味のもとを使った野菜のおかずスープ。
スープジャーがあれば、朝ササッと準備し、お昼頃にはほどよく火が通ったスープ弁当のできあがり。
カット野菜のほかに使うのは、乾物や冷蔵庫にある野菜で十分。
具だくさんの食べるスープですから、あとはおにぎり、あるいはパンがあればランチに最適です。

ブロッコリーとトマトのパスタスープ

材料● 2カップ分

洋風ミックス（P104）…1/2カップ分（55g）
トマトジュース（無塩）、水…各100g
ブロッコリー…50g（食べやすく切る）
プチトマト…5個（半分に切る）
ショートパスタ（フジッリ）…20g
塩…小さじ1/4

作り方

1 材料全部を鍋でひと煮立ちさせて、スープジャーに入れる。

海藻とゆかりのとろとろスープ

材料● 2カップ分

和風ミックス（P106）
…1/2カップ分（40g）
長いも…50g（角切り）
ゆかり…小さじ1強
海藻ミックス…大さじ1
水…1と1/2カップ

作り方

❶ 材料全部を鍋でひと煮立ちさせて、スープジャーに入れる。

キャベツと厚揚げのしょうが味噌スープ

材料● 2と1/2カップ分

a
冷凍キャベツストック（P108）…80g
厚揚げ…100g（油抜きして一口大に切る）
水…1と1/2カップ

味噌…大さじ1
おろししょうが…小さじ1

作り方

❶ aを鍋に入れてひと煮立ちさせ、味噌を溶き入れ、おろししょうがも加えてスープジャーへ。

白菜とマッシュルームの豆乳スープ、粒マスタード風味

材料● 2カップ分

a
冷凍白菜ストック（P108）…50g
ミックスビーンズ（水煮・蒸しなど市販品）…30g
マッシュルーム…3個（半分に切る）
豆乳…1カップ

塩…小さじ1/4
粒マスタード…大さじ1

作り方

❶ aを鍋に入れてひと煮立ちさせ、塩と粒マスタードを溶き入れ、スープジャーへ。

きのこと塩昆布の雑穀スープ

材料● 2カップ分

干しきのこミックス（P110）
…1/2カップ分（12g）
塩昆布…大さじ1
雑穀ミックス…大さじ1（11g）
小松菜…20g（ざく切り）
水…1と1/2カップ

作り方

1. 材料全部を鍋に入れてひと煮立ちさせたらスープジャーへ。

きのこともやしの春雨スープ

材料● 2カップ分

干しきのこミックス（P110）
…1/4カップ分（6g）
もやし…50g
緑豆春雨…10g
白練りごま…大さじ1
しょうゆ…小さじ2
ラー油…小さじ1/4
水…1と1/2カップ

作り方

1. 材料全部を鍋に入れてひと煮立ちさせたらスープジャーへ。

chapter 5

がんばらない「常備菜」が役に立つ野菜のストック術

野菜は洗って、水をきったり、皮をむいたり、と意外に手間がかかるもの。
だからでしょうか、できあいのサラダやおそうざいに手がのびる方も多いのでは。
そこで提案！ 簡単な下ごしらえだけ週末のキッチン仕事にしませんか。
この章で紹介するのはいわば「常備菜」未満の、野菜ストック。
ゆでるだけ、蒸すだけ……でOK。味つけもなしだったり、ごくごく薄味だったり。
がんばり過ぎないほうが、アレンジも広がり毎日役立つストックになります。

ゆでるだけ・蒸すだけのお手軽ストック

ここで紹介するのは基本的に味つけなし、加熱しただけの野菜です。味つけしてもごく薄味。だから料理の素材としてそのまま使えます。生の野菜は冷蔵庫に入れておいても鮮度がどんどん落ちるから、買ってきたらまとめて下ごしらえしておくといいですよ。ただし、濃い味つけをしたものほどには日持ちはしないので、保存期間を目安になるべく早く食べきって。使いきれないなら小分けにして冷凍しましょう。

Breakfast 朝食に

トースト&野菜でワンプレート

保存
5日

キャベツのオイルゆで

材料 ● 3カップ分

キャベツ…6枚（300g・ざく切り）

a
- 水…1.5ℓ
- 塩…大さじ1/2
- オリーブオイル…大さじ1と1/2
- にんにく…小2片（薄切り）

作り方

1. aを鍋に入れて火にかけ、沸騰したらキャベツを入れて20秒ゆでてざるに上げる。
2. 粗熱がとれたら保存容器に移す。

キャベツだけの生春巻き

材料 ● 1 人分

キャベツのオイルゆで
…3/4 カップ

a
- 白練りごま…大さじ 1
- レモン汁…大さじ 1/2
- しょうゆ…大さじ 1/2
- おろししょうが…小さじ 1/2

生春巻きの皮…2 枚（戻す）
パクチー…適量（ざく切り）

作り方

1. ボウルに a を混ぜあわせ、キャベツのオイルゆでを入れてあえる。
2. 生春巻きの皮で 1 を包む。斜め 2 等分に切ってパクチーとともに器に盛る。

キャベツのクリーム煮

材料 ● 1 人分

キャベツのオイルゆで…1/2 カップ
グリーンピース（缶詰）…40g

a
- 豆乳…3/4 カップ
- 白味噌…大さじ 1 と 1/2
- 小麦粉…大さじ 1
- 白コショウ…小さじ 1/4

作り方

1. 鍋に a を入れて泡立て器でよく混ぜ、味噌と小麦粉を溶かす。
2. キャベツのオイルゆでとグリーンピースを加えて中火にかけ、ひと煮立ちさせてとろみがついたら火を止める。

あえるだけの回鍋肉風

材料 ● 1 人分

キャベツのオイルゆで
…1/2 カップ
（軽く蒸すか電子レンジで温める）
厚揚げ…1/2 枚
（ゆでて油抜きし、一口大にちぎる）

a
- 長ねぎ…10cm
（みじん切り）
- おろしにんにく…小さじ 1/4
- おろししょうが…小さじ 1/2
- 味噌…大さじ 1 と 1/3
- みりん…小さじ 2
- 豆板醤…小さじ 1/3

万能ねぎ…適量（小口切り）

作り方

1. a をボウルに入れて混ぜあわせ、厚揚げも混ぜて 1 分おき、味をなじませる。
2. キャベツのオイルゆでを加え、ザッと混ぜて器に盛り、万能ねぎを散らす。

Memo 柔らかな春キャベツなら加熱時間はごく短く、10 秒でかまいません。しょうゆや酢じょうゆ、ポン酢などをかけてサラダがわりに。そのままでフライのつけあわせやスープの実などにも便利です。

保存
4日

chapter5
ゆでる・蒸す

ゆでもやし

材料 ● 2カップ分
もやし…1袋（200g）
塩…小さじ1

作り方

1. 鍋に水1ℓを入れて火にかけ、沸騰したら塩を入れる。
2. もやしを入れてザッと混ぜ、15秒したらざるに上げる。

塩昆布ナムル

材料 ● 1 人分

ゆでもやし…1/4 カップ

a
- 万能ねぎ…2 本（小口切り）
- 塩昆布…小さじ 2（4g）
- 白すりごま…小さじ 1
- ごま油…小さじ 1

作り方

❶ a をボウルに入れて混ぜ、ゆでもやしを加えてあえる。

もやしと梅のすまし汁

材料 ● 1 人分

ゆでもやし…1/4 カップ

梅干し…大 1 個（種をとり、包丁で果肉をたたく）

酒…大さじ 1

しょうゆ…小さじ 1/2

水…3/4 カップ

作り方

❶ 材料全部を鍋に入れて中火にかけ、ひと煮立ちさせて火を止める。

もやしの塩麹白あえ

材料 ● 1 人分

ゆでもやし…1/4 カップ

a
- 木綿豆腐…1/3 丁（100g・水きりする）
- 塩麹（P151）…大さじ 1
- カットわかめ…大さじ 1/2

作り方

❶ ボウルに a を入れ、フォークで豆腐をつぶしてしっかり混ぜる。

❷ わかめが豆腐の水分でふっくら戻ったら、ゆでもやしをあえる。

Memo 傷みやすいもやしは、こうしてサッとゆでておくと便利です。水にさらして冷蔵庫に入れる方法もありますが、ビタミン C が損失するのでおすすめできません。味噌汁の実や炒めもの、サラダ、あえものなどに。

chapter5

ゆでる・蒸す

保存 5日

大根の塩蒸し

材料 ● 3カップ分

大根…1/2本（500g・1.5cm厚さの輪切り）

だし昆布（10×10cm）…1枚

塩…小さじ1/2

作り方

1. 鍋の底にだし昆布を敷く。
2. ボウルに大根と塩を入れて全体を混ぜて塩をなじませ、1の鍋に入れて水1カップを注ぐ。
3. 蓋をして中火にかけ、煮立ったら弱火にして20分蒸し煮にし、大根に串がスッと刺さるほど柔らかくなったら火を止める。

サッと煮おでん

材料 ● 1人分

大根の塩蒸し…2枚
厚揚げ…1/2枚
（ゆでて油抜きし、半分に切る）
こんにゃく…1/2枚
（ゆでてあく抜きし、半分に切る）
だし昆布（10×10cm）…1枚
a 味噌…大さじ1
a 酒…大さじ1
a 長ねぎ（みじん切り）…5cm
練り辛子…小さじ1/4

作り方

1. だし昆布を鍋に敷いて厚揚げ、こんにゃく、大根の塩蒸しを入れて水1カップを注ぐ。
2. 中火にかけ、煮立ったら弱火にして3分煮る。
3. aを小鍋に入れて中火で練り、ぽってりしたら練り辛子を混ぜ、皿に盛った2に添える。

大根の竜田揚げ

材料 ● 1人分

大根の塩蒸し（一口大に切る）
…1と1/2枚
a おろししょうが…1/2片分
a おろしにんにく…小さじ1/8
a しょうゆ…大さじ1/2
片栗粉…適量
ごま油…適量
クレソン…適量

作り方

1. aをボウルに入れて、大根の塩蒸しを加えて混ぜ、5分味をなじませる。
2. 1の汁気を軽く落として片栗粉をまぶしつける。
3. 熱したごま油で2をカラリと揚げる。クレソンとともに器に盛る。

大根の酢味噌あえ

材料 ● 1人分

大根の塩蒸し…2枚
（1.5cm幅に切る）
a 白すりごま…大さじ1
a 酢…大さじ1
a 味噌…大さじ1

作り方

1. aをボウルに入れて混ぜ、大根の塩蒸しをあえる。

Memo 薄味だから下ゆでと同じ扱いで肉や魚と炊きあわせたり、照り焼きで大根ステーキ、ウスターソースをかけて味をなじませてからフライ衣をつけ、大根カツも。使いきれなければ、一口大に切ってから冷凍、汁の実に。

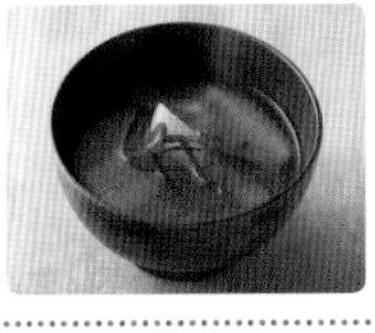

ごぼうのオイルゆで

材料 ● 3 カップ分

ごぼう…1 と 1/3 本（200g・皮をこそげて細切り）

a
- 水…1ℓ
- オリーブオイル…大さじ1
- 塩…小さじ1

作り方

① 鍋に a を入れて中火にかけ、煮立ったらごぼうを入れて1分煮て、ざるに上げる。

Memo

ごぼうサラダやけんちん汁、鍋ものの具にするほか、サッと炒めてきんぴらに。一度火を通してあるから、かき揚げも短時間で揚がります。ごまあえや白あえなど、あえものに使うのもおすすめです。

ブロッコリーの酒蒸し

材料 ● 2と1/2カップ分

ブロッコリー…1株（250g・小房にわける）
ごま油…小さじ1
a 酒…大さじ3
a 塩…小さじ1/2

作り方

1. 鍋にごま油を入れて熱し、ブロッコリーを中火でザッと炒める。
2. aをふって全体を混ぜ、蓋をする。
3. 2分蒸し焼きにして火を止める。

Memo

味はごく薄いので塩ゆでと同じ感覚でサラダやあえもの、炒めものに。もちろんこのまま肉や魚料理のつけあわせやお弁当の彩りにも。使いきれない場合は冷凍し、使うときは凍ったまま炒めものなどに。

ゆでなす

材料 ● 3と1/2カップ分

なす…4本（400g・へたを落とし、縦半分に切る）

作り方

❶ 熱湯で4分ゆでて、ざるに上げる。

Memo

なすの皮にはポリフェノールがたっぷり。食べやすく切ってサラダやあえものに。練りごまと酢、しょうゆ、ラー油をあわせた練りごまの濃厚ドレッシング（P180）やしょうがごまだれ（P187）をかければ主菜にも。

玉ねぎの丸ごと蒸し

材料 ● 作りやすい分量

玉ねぎ…3個（600g・根元に十文字の切り目を入れる）

作り方

① 蒸気のあがった蒸し器で15分、串が通るまで蒸す。

Memo

隠し包丁を十文字に深めに入れると蒸し時間が短くてすみます。幅広くアレンジできますが、コンソメスープやだし汁でサッと煮直した玉ねぎ丸ごとスープはボリューム満点。ざく切りにしてカレーやシチュー、鍋ものなどにも。

蒸しピーマン

材料 ● 2と1/2カップ分

ピーマン…10個（300g・縦に5mm程度の細切り）
塩…小さじ1/2

作り方

1. 耐熱容器にピーマンと塩を入れて混ぜる。
2. 蒸気のあがった蒸し器で1分蒸す。

Memo

ごく薄味で蒸しているだけなので味噌汁の実や麺類の具、ほかにサラダに、炒めものに、あえものにと何にでも使える万能選手。きんぴらの彩りなどにも重宝です。冷蔵保存が基本ですが、冷凍してもOK。

保存
5日

Arrange Recipe

ピーマンビビンバ

材料 ● 1人分

蒸しピーマン…40g

a
- 長ねぎ…3cm（みじん切り）
- しょうが…1/2片（みじん切り）
- にんにく…1/4片（みじん切り）
- しょうゆ…小さじ1
- ごま油…小さじ1/2
- 粗挽き黒コショウ…小さじ1/8
- 白すりごま…大さじ1/2

ご飯…1膳分

コチュジャン…適量

作り方

1. aをボウルに入れて混ぜ、蒸しピーマンも加えて混ぜ、3分おいて味をなじませる。
2. ご飯の上に1をのせ、好みでコチュジャンを添える。

Memo

具はピーマンだけの簡単ビビンバ風。ごぼうのオイルゆで（P130）、ゆでもやし（P126）など、ほかの野菜ストックがあれば、同じたれであえて盛りあわせても。さらに目玉焼きを添えればボリュームも出て満足の一品に。

かぼちゃの塩蒸し

材料 ● 3と1/2カップ分

かぼちゃ…500g（種とわたをスプーンでかき出し、一口大に切る）
塩…小さじ1/2

作り方

1. 耐熱容器にかぼちゃと塩を入れて全体を混ぜて5分おく。
2. 蒸気のあがった蒸し器で15分、かぼちゃに串が通るまで蒸す。

Memo

このまま煮もの感覚で、つぶしてサラダ、豆乳や牛乳でのばしてパンプキンスープにも。小麦粉と片栗粉を2：1であわせてから濃いめに水で溶いた衣をつけて、フライパンで焼けば即席のきんつば風。

保存 5日

Arrange Recipe

かぼちゃとしょうがのコロッケ

材料●1人分

a
- かぼちゃの塩蒸し…100g（マッシャーでつぶす）
- おろししょうが…小1片分
- 塩…小さじ1/8

小麦粉…適量

b
- 小麦粉…大さじ2
- 水…大さじ2

パン粉…適量

油…適量

作り方

1. aを混ぜあわせて2等分して俵形にまとめ、小麦粉をまぶす。
2. bを混ぜあわせ1をくぐらせてからパン粉をつけて、熱した油でカラリと揚げる。
3. 器に盛り、トマトとせん切りキャベツ（ともに材料外）を添える。

Memo　マッシュしてパン粉をつけて揚げれば即コロッケに。しょうがとシンプルに組みあわせましたが、炒めた挽肉やベーコンを混ぜるほか、ごぼうのオイルゆで（P130）をみじん切りにして加えるとボリュームアップします。

塩蒸し長ねぎ

材料 ● 3カップ分

長ねぎ…3本（300g・斜め薄切り）
塩…小さじ1/3

作り方

❶ 耐熱容器に長ねぎと塩を入れて混ぜ、蒸気のあがった蒸し器で1分蒸す。

Memo

薄味なので味噌汁やすまし汁に浮かべたり、温かいうどんやそばの薬味に大活躍。ごま油としょうゆをまわしかければ箸休めの一品。細切りの油揚げや厚揚げとだしとしょうゆで煮て即席の副菜に。

にんじんのオイル蒸し

材料 ● 3カップ分

にんじん…2本（300g・せん切り）
オリーブオイル…大さじ1と1/3

作り方

1. 耐熱容器ににんじんとオリーブオイルを入れて混ぜ、蒸気のあがった蒸し器で2分蒸す。

Memo

オイルをふって蒸しただけなので、あえものや炒めものなど、何にでも使えます。しょうゆをふりかけ、ご飯に混ぜれば即席混ぜご飯。ちらしずしの具や酢飯に混ぜ込んでもオリーブオイルの香りは邪魔になりません。

青梗菜のごま油ゆで

材料 ● 作りやすい分量

青梗菜…大２株（400g・根元を切り落とす）
ごま油…小さじ２

作り方

1. 鍋に１ℓの湯を沸かしてごま油をたらす。
2. 青梗菜を入れてサッとゆでたら、ざるに上げ、しっかり水気をきる。

Memo

味はついていないので使いやすい分、早めに使いきりを。ざく切りにして炒めもの、焼きそばや炒飯に。ラーメンや火鍋、豆乳鍋など鍋ものの具にも。白練りごま、ラー油、おろしにんにく、味噌と混ぜて中華風の味噌あえも美味しい。

絹さやの塩ゆで

材料 ● 3 カップ分

絹さや…300g（筋をとる）
塩…適量

作り方

1. 鍋に熱湯を沸かして塩を入れ、絹さやをサッとゆでる。

Memo

絹さやは若くて柔らかなものなら堅いへただけ取り除き、筋はとらなくても。堅めに塩ゆですれば冷蔵庫で保存がきくので、買ってきたら１袋まとめて下ごしらえを。汁の実やサラダ、ちらしずし、混ぜご飯などにあると便利です。

あえるだけ・漬けるだけの1ステップストック

加熱した野菜を調味料であえるだけ、あるいは調味液に漬けるだけ。たったそれだけですが、根菜などは煮ものがわりに食べられるし、揚げたり、炒めたりと変幻自在。なますや酢漬けはそのまま食べるほか、サラダやおすしにも使えます。じゃがいもに味噌、ほうれん草に塩麹など、おすすめの調味料を紹介していますがアレンジOK！　お好きな調味料を使っていただいてかまいません。

Lunch
昼食に

いんげんのトマト
ドレッシングサラダ

いんげんの酢じょうゆ漬けに、
ドレッシングであえたトマトと
ザクザクの玉ねぎを
たっぷりのせる

きのこの
スパゲッティ・
ペペロンチーノ

にんにくと赤唐辛子だけの
シンプルなスパゲッティ・
ペペロンチーノに、
きのこのオイル漬けを
混ぜこむだけ

保存 5日

じゃがいもの味噌あえ

材料 ● 4カップ分（580g）
じゃがいも　600g（一口大に切る）
味噌　大さじ４弱

作り方

1. じゃがいもは蒸気の上った蒸し器で串が通るまで５分ほど蒸す。
2. 熱いうちに 1 をボウルに入れ、味噌とあえる。

クレソンのポテトあえ

材料 ● 1人分

じゃがいもの味噌あえ…80g
クレソン…1束
（50g・サッとゆでて
食べやすく切る）

作り方

1. じゃがいもは堅ければ電子レンジで温めてからマッシャーでつぶし、クレソンとあえる。

じゃがいもの和風ポタージュ

材料 ● 1人分

じゃがいもの味噌あえ…80g
豆乳…180ml
パセリ（粗く刻む）…適量

作り方

1. じゃがいもは堅ければ電子レンジで温めてからマッシャーでつぶす。
2. 鍋に 1 と豆乳を入れて混ぜて火にかけ、ひと煮立ちさせたら、器に盛りパセリを散らす。

味しみポテトフライ

材料 ● 1人分

じゃがいもの味噌あえ…150g
オリーブオイル…適量
パセリ…適量

作り方

1. オリーブオイルを熱してじゃがいもの味噌あえを素揚げする。
＊焦げやすいので味噌は拭き取る。
2. 器に盛り、パセリを添える。

Memo ゆでたじゃがいもを味噌であえるだけですが、半日後には味がなじんでこれだけで美味しいおかずになります。そのまま煮ものがわりのおかずにもなるし、ごまや青海苔をプラスして味わいを変えても。つぶしてコロッケ、和風カレーやシチューの具材にも使えます。

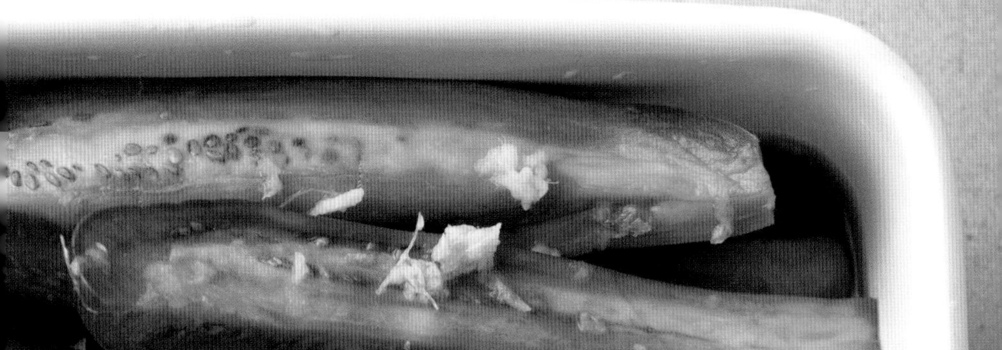

なすのしょうがじょうゆ漬け

保存
5日

材料 ● 3カップ分

なす…3本（300g・縦に4等分に切る）

a
- おろししょうが…1片分
- 酒…大さじ2
- しょうゆ…小さじ2

作り方

1. なすは熱湯で20秒ほどゆで、ざるに上げる。
2. aを小鍋に入れてひと煮立ちさせ、保存容器に入れた1に注ぐ。粗熱がとれたら1時間以上冷蔵庫で味をなじませる。

なすの唐揚げ

材料 ● 1 人分

なすのしょうがじょうゆ漬け
…4 切れ
片栗粉…適量
ごま油…適量
ルッコラ、レモン…各適量

作り方

1. なすのしょうがじょうゆ漬けを 3 等分に切り、片栗粉をまぶして、熱したごま油でカラリと揚げる。
2. ルッコラとレモンのくし形切りを添えて器に盛る。

冷やしなすの棒々鶏風

材料 ● 1 人分

なすのしょうがじょうゆ漬け
…4 切れ（食べやすく切る）
きゅうり…小 1 本（80g・細切り）
a
白練りごま…大さじ 2
おろしにんにく…小さじ 1/8
酢…小さじ 2
しょうゆ…小さじ 1
ごま油…小さじ 1
豆板醤…小さじ 1/4
長ねぎ…少々（白髪に切る）

作り方

1. a を混ぜあわせる。
2. 皿にきゅうり、なすのしょうがじょうゆ漬けを盛って 1 をかけ、長ねぎをのせる。

なすと揚げの煮もの

材料 ● 1 人分

なすのしょうがじょうゆ漬け
…4 切れ
油揚げ…小 1 枚
（油抜きして食べやすく切る）
昆布だし…1/2 カップ
酒…大さじ 2
しょうゆ…大さじ 1

作り方

1. 材料全部を鍋に入れて中火にかけ、煮立ったら弱火にして 5 分煮る。

Memo 素麺の具にしたり、このままおかずとして食べるほか、堅めにゆでてあるので揚げものや炒めものなど使いまわしもOK。だし汁でさらに煮含め、油揚げや厚揚げ、戻した車麩や高野豆腐と炊きあわせてボリュームを出すのもおすすめ。

保存 6日

カリフラワーのだし酢漬け

材料●3カップ分

カリフラワー（小房にわける）…大1/2株（250g）

ピクルス液

- 昆布だし…1/2カップ
- 酢…大さじ1と1/3
- 白ワイン…大さじ1
- 塩…小さじ1/4
- 黒粒コショウ…3粒
- ローリエ…1枚

作り方

1 ピクルス液の材料を鍋に入れて中火にかけ、ひと煮立ちさせる。

2 熱湯でカリフラワーを15秒ゆで、しっかり水気をきり、熱いうちに**1**にひたす。

カリフラワーととろろ豆腐の和風グラタン風

材料 ● 1人分

カリフラワーのだし酢漬け
…100g

a
- 木綿豆腐…80g（水切りする）
- 長いも…80g（すりおろす）
- 白味噌…大さじ1

パン粉…少々

作り方

1. aをボウルに入れてフォークなどで豆腐をつぶしてよく混ぜる。
2. 耐熱容器にカリフラワーのだし酢漬けを入れて、1を流しこむ。
3. パン粉を2の表面に散らし、250℃のオーブンに入れ、10分焼く。

カリフラワーの洋風ちらし

材料 ● 1人分

カリフラワーのだし酢漬け
…160g（粗く切る）

ご飯…200g

ルッコラ…30g（ざく切り）

a
- P148のピクルス液…大さじ1/2
- レモン汁…小さじ1
- バジル…5枚（粗みじん切り）
- 塩…小さじ1/4
- オリーブオイル…小さじ1/2
- 粗挽き黒コショウ…小さじ1/2

作り方

1. ボウルにaを入れて混ぜあわせ、ご飯を加えてサックリと混ぜる。
2. 1にカリフラワーのだし酢漬けとルッコラを混ぜて皿に盛る。

カリフラワーのコーンシチュー

材料 ● 1人分

カリフラワーのだし酢漬け
…50g

ぶなしめじ…80g
（石づきを落としてほぐす）

a
- 豆乳…3/4カップ
- 冷凍コーン…40g
- 塩…ひとつまみ
- 白コショウ…小さじ1/8

作り方

1. aをミキサーにかける。
2. カリフラワーのだし酢漬けとぶなしめじ、水大さじ2を鍋に入れて蓋をし、中火にかける。
3. フツフツとしたら弱火にして2分煮て1を加え、ひと煮立ちさせて火を止める。

Memo 酢控えめのレシピなので、そのままサラダにするのはもちろん、あえものやピザ、グラタンなどにも活用を。カレーや煮ものに加えるのもおすすめ。軽く煮込むと酸味がとぶので、あまり酸っぱく感じません。

いんげんの酢じょうゆ漬け

保存 5日

材料 ● 作りやすい分量

いんげん…300g（へたを包丁で落とす）
しょうゆ…大さじ1と1/3
酢…小さじ2

作り方

1. 熱湯でいんげんを堅めにゆで、ざるに上げる。
2. 1としょうゆ、酢を保存容器に入れる。

Memo

サラダとして食べたり、肉や魚料理のつけあわせにも。小口切りにして炒飯や混ぜずしにも使えますが、味がついているのでその場合はあとから足す調味料を控えめに。色が次第に茶色っぽくなりますから、彩りとして用いたい場合は早めに使いきりましょう。

ほうれん草の塩麹あえ

材料 ● 1と1/2カップ分

ほうれん草…2束（300g）
塩麹…大さじ1

作り方

1. ほうれん草はサッとゆでて水にとり、水気をしっかり絞る。
2. 1を食べやすく切り、塩麹であえる。

Memo

ゆでたほうれん草をしょうゆ味のおひたしにしておくと色が悪くなります。塩麹であえればその心配はなし。このまま小鉢に入れて食べるほか、カリッと焼いた細切りの油揚げとあえるとボリュームアップ。

塩麹

材料 ●作りやすい分量

乾燥米麹…200g
（手でぽろぽろになるまでほぐす）
塩…60g

作り方

1. ボウルに乾燥米麹と塩を入れてなじませたら、水1と1/4カップを注ぐ。
2. 保存容器に入れて軽く蓋をし、常温で発酵させる。1日1回必ずかき混ぜる。夏なら1週間、冬は10日くらい。毎日かき混ぜながら様子を見て、麹の粒がなくなるくらい柔らかくなればできあがり。冷蔵庫で3か月保存可能。

じゃがいもと白髪ねぎのなます

材料 ● 3カップ分

じゃがいも…3個
（450g・スライサーでせん切りにする）
長ねぎ…大2本（220g・白髪に切る）

a
- 酢…大さじ6
- みりん…大さじ6
- ごま油…大さじ1
- 塩…大さじ1/2
- 赤唐辛子…3本（小口切り）

作り方

1. 熱湯でじゃがいもと長ねぎを15秒ゆで、しっかり水気をきる。
2. 保存容器にaを入れて1を加え、全体を混ぜて味をなじませる。

Memo いつも台所にあるふたつの野菜でできるサッパリ美味しいなます。このまま小鉢に入れて副菜にしたり、肉や魚料理などメインのつけあわせに。素麺や、ゆでて水で締めたうどんにのせてごまをふったり、冷やし中華の具にも。

きゅうりと
切り干し大根の酢漬け

材料 ● 3カップ分

きゅうり…3本（300g・一口大の乱切り）

a
- 切り干し大根…30g（洗ってざく切り）
- 酢…80ml
- 水…80ml
- 塩…小さじ3/4
- 昆布茶（粉末）…小さじ3/4

作り方

1. aを鍋に入れ、中火にかけてひと煮立ちさせて冷ます。
2. 1ときゅうりを保存容器に入れる。

Memo 切り干し大根の甘みで砂糖なしでも甘酢漬け風に。箸休めとしてそのまま食べるほか、きゅうりを薄切りにし、冷やご飯や炊いた押し麦とあわせてライスサラダにしたり、素麺とあえ、しょうゆとごま油をまわしかけても。

小松菜のおひたし

材料 ● 2と1/2カップ分

小松菜…1と1/2束（300g）

a｜昆布だし…1カップ（しっかり冷ましておく）
　｜しょうゆ…大さじ1

作り方

1. 小松菜は熱湯でサッとゆで、冷水にとって水気をしっかり絞り、5cm長さに切る。
2. 保存容器にaと1を入れる。

Memo

小松菜はほうれん草のおひたしほど色が悪くなりません。このまま副菜に。薄味なのでだし汁、しょうゆで含め煮にしたがんもどきと炊き直したり、スパゲッティ・ペペロンチーノに刻んで加えても。

スライス酢ごぼう

材料 ● 3カップ分

ごぼう…2本（300g）

a
- 酢…大さじ3
- 酒…40ml
- 粗挽き黒コショウ…小さじ3/4
- 塩…小さじ1/3

作り方

1. ごぼうは皮をこそげて斜め薄切りにし、熱湯で1分ゆでる。
2. aと水40mlを鍋に入れて中火にかけ、ひと煮立ちさせて火を止める。粗熱がとれたら、保存容器に1とあわせて入れる。

Memo

このまま小鉢に入れれば副菜に。細切りにしてサラダに入れたり、メイン料理の添えにも重宝です。薄味なので炒めものの具材にしたり、天ぷらやフリットの衣をつけてカラリと揚げても。加熱すると酸味はやわらぎます。

しょうゆ玉ねぎ

材料 ● 2と1/2カップ分

玉ねぎ…小2個（300g）
しょうゆ…大さじ1と1/2

作り方

1. 玉ねぎは縦半分に切り、繊維に沿って薄切りにする。
2. 1にしょうゆをかけ、味をなじませたら保存容器に入れる。

Memo

玉ねぎの辛みや刺激の成分、硫化アリルは揮発性だから切って味をなじませておくと、辛みがやわらぎ、そのまま保存できる仕込みおかずになります。ごま油や酢をかけてサラダがわりに、ステーキやハンバーグにたっぷりトッピングしても。

保存 5日

玉ねぎと油揚げのうま煮丼

Arrange Recipe

材料●1人分

しょうゆ玉ねぎ…60g

油揚げ…小1枚　(40g·油抜きして縦半分に切り、さらに1cm幅に切る)

a
- 水…1/2カップ
- しょうゆ…大さじ1
- 酒…大さじ1

ご飯…1膳分

紅しょうが …適量（せん切り）

作り方

1. **a**としょうゆ玉ねぎと油揚げを鍋に入れ、蓋をして中火にかける。
2. 煮立ったら弱火にして5分煮て、火を止める。
3. ご飯を器に盛り、**2**と紅しょうがをのせる。

Memo

玉ねぎにはすでに味がしみこんでいるのでサッと煮るだけでじっくりと煮込んだ味わいに。ここでは油揚げとあわせてサッパリとヘルシーに仕上げましたが、牛こまや豚こまとあわせてボリュームある丼に仕立ててもいいですね。

枝豆の
ひたし豆風

材料 ● 1と3/4カップ分

冷凍枝豆…1袋（400g・解凍してさやから出す）

a
- しょうゆ、酒…各大さじ1と1/3
- だし昆布（10×10cm）…1枚
- 水…1と1/4カップ

作り方

1. aを鍋に入れて弱火にかけ、ゆっくり温度を上げ、昆布のうま味を出す。
2. 沸騰する直前に枝豆を入れて2分煮、粗熱がとれたら保存容器に入れる。

Memo

おかずとして食べるほか、サラダに入れたり、炒めものの具や汁の実、薄切りの玉ねぎとあわせてかき揚げに。ご飯と混ぜて豆ご飯など、活用法いろいろ。まとめて作って常備したい野菜ストックの代表格。

大豆と紫玉ねぎのドレッシング漬け

材料 ● 3と1/2カップ分

紫玉ねぎ…1個（繊維に沿って薄切り）
大豆の水煮（缶詰）…220g

a
- 酢…1/4カップ
- メープルシロップ…大さじ1
- オリーブオイル…大さじ1
- 塩…小さじ1/2

作り方

1. ボウルにaを混ぜあわせる。
2. 紫玉ねぎと大豆の水煮を加えて味をなじませ、保存容器に入れる。

Memo

大豆のかわりにひよこ豆の水煮や塩ゆでした枝豆、紫玉ねぎを普通の玉ねぎにしても美味しくできます。そのまま食べるほか、ご飯と混ぜてライスサラダ風にも。味に飽きたらカレー粉やスパイスでアレンジを。

きのこのしょうゆあえ

材料 ● 2と1/2カップ分

まいたけ…100g（ほぐす）
ぶなしめじ…100g（石づきを落としてほぐす）
しいたけ…6枚（石づきを落として薄切り）
しょうゆ…大さじ2

作り方

1. まいたけ、ぶなしめじ、しいたけを熱湯で10秒ゆでる。
2. ざるに上げて湯をしっかりきり、保存容器に入れてしょうゆをまわしかける。

Memo

味が水っぽくならないよう、ゆでたきのこの水分をしっかりきるのがポイント。きのこ類は冷蔵庫に入れるとすぐに傷むので、買ってきたらまとめて仕込んでおくのがおすすめ。あえものなどに重宝です。

きのこのオイル漬け

材料 ● 3カップ分

a
- まいたけ…150g（ほぐす）
- ぶなしめじ…150g（石づきを落としてほぐす）
- えのきだけ…150g（根元を落としてほぐす）

オリーブオイル…大さじ6
塩麹（P151）…大さじ2と1/4
おろしにんにく…小さじ3/4

作り方

1. オリーブオイルとaを鍋に入れてザッと混ぜ、蓋をして中火にかける。
2. 中火のまま2分加熱し、火を止めて塩麹とおろしにんにくを混ぜ、容器に移して保存する。

Memo オイル漬けにしておくとサラダの具材や、パスタにからめたり、白身魚のソテーにたっぷりかけるなど、洋風の料理に便利です。きのこの漬け汁をごま油としょうゆにアレンジすると中華風の味わいになり、こちらは冷や奴や中華麺のトッピングによくあいます。

つぶすだけ・マッシュするだけの万能ペースト

おいもの仲間やかぼちゃ、豆類などはまとめてゆでてそのままでも使えますが、マッシュしておくと便利です。ポテトサラダ風やマッシュポテト風に使えますし、豆乳や好みのスープでのばしてポタージュに。コロッケやソースのもとに、味つけしてパンやクラッカーに塗ったり、野菜スティックにつけてもいいですね。赤ちゃんの離乳食や、お年寄りがいるご家庭では食べやすいおかず作りにも助かりますよ。

Lunch Box

お弁当に

**ゆでもやしの
緑あえ**

グリーンピースペーストを豆乳で
のばして、もやしをあえた
簡単おかず

**かぼちゃとナッツの
茶巾絞り**

かぼちゃペーストと刻んだナッツ、
塩、コショウで作ったたねを
ラップで包んで茶巾に

**即席
にんじんピラフ**

にんじんペーストを炒めて
水分をとばし、ご飯と
炒めあわせて

かぼちゃペースト

材料 ● 3 カップ分

かぼちゃ…600g（種とわたをとって皮をところどころむき、一口大に切る）　塩…適量

作り方

1. 塩を入れた熱湯でかぼちゃをゆでる。
2. かぼちゃが柔らかくなったら湯をしっかりきり、ボウルに移してマッシャーでつぶす。

保存 5日

Memo

ゆでてマッシュするだけで、かぼちゃサラダやコロッケ、ポタージュに。お粥に混ぜこみ、黄色のほんのり甘いかぼちゃ粥も美味しいもの。紹介した白あえのほか、卯の花（おから）に入れても美しい色が楽しめます。

Arrange Recipe

かぼちゃ衣の白あえ

材料 ● 1 人分

a
- 木綿豆腐…1/3 丁（100g・水きりする）
- かぼちゃペースト…大さじ 3
- 白味噌…大さじ 1

いんげん…50g（ゆでて食べやすく切る）

作り方

1. a をボウルに入れ、よく混ぜあわせて衣を作る。
2. いんげんを加えてサックリ混ぜる。

かぼちゃポタージュ

材料 ● 1人分

かぼちゃペースト…40g
豆乳…3/4カップ
塩…小さじ1/4

作り方

1. 材料全部をボウルに入れて泡立て器で混ぜ、鍋に移して中火でひと煮立ちさせて火を止める。
2. 器に盛り、クルトン（材料外）を浮かべる。

とろろのオムレツ風

材料 ● 1人分

a
- 長いも…100g（すりおろす）
- かぼちゃペースト…40g
- 片栗粉…大さじ1
- 塩、粗挽き黒コショウ…各小さじ1/4

油…適量
ラディッシュ…適量（葉つきのまま四つ割り）
トマトケチャップ…適量

作り方

1. aをボウルに入れて泡立て器でよく混ぜる。
2. フライパンに油を熱して1を流しこみ、木の葉形に整えて焼く。器に盛り、トマトケチャップをかけてラディッシュを添える。

じゃがいもペースト

材料 ● 2と1/2カップ分

じゃがいも…500g

作り方

1. じゃがいもは皮ごと、水からゆでて柔らかくする。
2. じゃがいもの皮をむいてボウルに入れ、熱いうちにマッシャーでつぶす。

保存 5日

Memo

定番のポテサラやコロッケなどに重宝。じゃがいもには、しっとり系のメークインなどや、ほくほく系の男爵などがありますが、マッシュして使うのなら食感はほくほくでつぶしやすい男爵系のじゃがいもがおすすめです。

Arrange Recipe

マッシュポテトのココットグラタン

材料 ● 1人分

a
- じゃがいもペースト…40g
- 豆乳…1/4カップ
- 白味噌…大さじ1

b
- トマト…1/4個（くし形に切る）
- ブロッコリー…小1/4株（50g・塩ゆでする）
- 塩…小さじ1/8

作り方

1. aをボウルに入れてよく混ぜあわせる。
2. 別のボウルでbをザッと混ぜてココット型に入れる。ここに1を流しこむ。250℃のオーブンで10分焼く。

じゃがいものマヨネーズ風

材料 ●約 1 カップ分

じゃがいもペースト…50g
豆乳…1/2 カップ
白味噌…大さじ 1
酢…大さじ 2

作り方

1. ボウルに材料全部を入れ、泡立て器でよく混ぜる。
2. 器に入れて生野菜に添える（写真はサニーレタスと紫玉ねぎのサラダ）。

オリーブオイルのシンプルポテサラ

材料 ●1 人分

じゃがいもペースト…80g
a ｜オリーブオイル…小さじ 2
　｜粗挽き黒コショウ…小さじ 1/4
　｜塩…小さじ 1/4
きゅうり…1/2 本（小口切り）
塩…適量

作り方

1. ボウルにじゃがいもペーストと a を入れて混ぜあわせる。
2. きゅうりは塩もみをしてから洗って水気をよく絞り、1 に加えて全体をサックリ混ぜあわせる。

里いもペースト

材料 ● 2と1/2カップ分

里いも…600g

作り方

① 里いもは皮ごと水からゆで、柔らかくする。

② 里いもの皮をむいてボウルに入れ、熱いうちにマッシャーでつぶす。

保存
4日

Memo

しっとりした食感でじゃがいもとはひと味違った里いもペースト。和風のサラダやポタージュ、コロッケになります。紹介した料理のほか、小麦粉、豆乳や牛乳と混ぜてパンケーキやクレープにするのも美味しい。

Arrange Recipe

里いものさつま揚げ風

材料 ●小 3 枚分

a
- 里いもペースト…100g
- 紅しょうが…大さじ 1 と 1/2（せん切り）
- 長ねぎ…5cm（小口切り）
- 片栗粉…大さじ 1
- 昆布茶（粉末）…小さじ 1/2

油…適量

練り辛子…適量

作り方

① a を混ぜて小判形にまとめ、フライパンに油を熱し、両面をこんがり焼く。

② 器に盛り、練り辛子を添える。

里いもの韓国風粥

材料 ● 1人分

里いもペースト…50g
ご飯…40g
豆乳…1カップ
塩…小さじ1/4
白煎りごま…小さじ1

作り方

1. 煎りごま以外の材料をミキサーにかけ、ポタージュ状にしたら、鍋に移して中火にかける。
2. 煮立ったらかき混ぜながら弱火で1分煮て、火を止める。器に盛り、ごまをふる。

里いもの揚げずコロッケ

材料 ● 1人分

a
- 里いもペースト…100g
- 豆乳…大さじ1
- 塩…小さじ1/4

パン粉…20g

作り方

1. aをボウルで混ぜ、2等分して俵形にまとめる。
2. フライパンにパン粉を入れて中火にかけ、から煎りしてきつね色にする。
3. 2をバットに入れて1にまぶしつける。
4. 器に盛り、貝割れ大根とトマト（ともに材料外）を添える。

保存
5日

にんじんペースト

材料 ● 2と1/2カップ分

にんじん…3本（1cm厚さの輪切り）
塩…適量

作り方

1. 塩を入れた熱湯でにんじんが柔らかくなるまで7～8分ゆでる。
2. ざるに上げて水気をきったらボウルに入れて、熱いうちにマッシャーでつぶす。

Memo

つぶれにくいので長めに塩ゆでするのがコツ。水分が多くベシャッとする場合は、ゆであがりを軽くから煎りして水分をとばします。ハンバーグや肉団子、餃子などの肉だねに混ぜたり、ポタージュやお粥にも。

Memo

レーズンと混ぜて一口大をラップで茶巾絞りにすれば即席のおやつに。豆乳や牛乳とあわせてポタージュやシチュー風、パスタソースなどに。コロッケにはおろししょうがを加えてピリ辛にするのもおすすめ。

グリーンピースペースト

材料 ● 2と1/2カップ分

冷凍グリーンピース…500g

作り方

① 冷凍グリーンピースをたっぷりの熱湯でゆでて、ざるに上げて水気をきる。
② ボウルに入れてマッシャーでつぶす（薄皮が気になる場合は裏ごししてからマッシャーでつぶす）。

Memo

じゃがいもペースト同様、ポタージュやサラダ、コロッケにするほか、豆乳や牛乳でのばして緑色のソースにし、魚のソテーなどにかけても。塩や味噌で味をつけ、白あえ衣のようにしてゆで野菜やきのこをあえても美味しい。

保存 4日

さつまいもペースト

保存 5日

材料 ● 3カップ分

さつまいも…2本（500g）

作り方

① 鍋に皮つきのさつまいもとかぶるくらいの水を入れて中火にかけ、さつまいもが柔らかくなるまでゆでる。
② さつまいもの皮をむき、ボウルに入れて熱いうちにマッシャーでつぶす。

焼きなすペースト

材料 ● 2と1/2カップ分

なす…8本（800g）

作り方

1. なすは皮つきのまま魚焼きグリルで皮が真っ黒になるまで焼く。
2. なすの皮をむき、ボウルに入れてマッシャーでつぶす。

保存 4日

Memo

同量の豆乳とあわせてミキサーでペースト状にし、味噌で味つけをして和風のパスタソースにしたり、豆乳を増やしてなすポタージュにしても美味しい。味噌汁やすまし汁に流しこんだ、なすのすり流し汁はうま味たっぷり！

トルコ風なすサラダ

Arrange Recipe

材料 ● 1人分

a
- 焼きなすペースト…100g
- レモン汁…小さじ1
- オリーブオイル…大さじ1
- おろしにんにく…小さじ1/8
- 塩…ひとつまみ

イタリアンパセリ…適量（ざく切り）
ピタパン…1枚
レタス…1/2枚（手でちぎる）
トマト…1/3個（横にスライス）

作り方

1. aを混ぜあわせて器に入れ、イタリアンパセリを散らす。
2. ピタパンを半分に切り、レタス、トマト、1とともにひと皿に盛る。

小豆ディップ

保存 5 日

材料 ● 1カップ分

小豆の水煮（無糖）…1 カップ（150g）
オリーブオイル…大さじ 1
塩…小さじ 1/4

作り方

1. 小豆の水煮は水気をきって、マッシャーでつぶす。
2. 1 に残りの材料を加え、よく混ぜあわせる。

Memo

甘くない小豆は意外な美味しさ。パンやクラッカーに塗って食べたり、野菜スティックなどのディップとしても。豆乳でのばして小豆ポタージュにしても美味しいし、コショウやカイエンペッパーを強めにきかせて肉や魚のソテーのつけあわせにもおすすめ。

アボカドディップ

保存 3 日

材料 ● 1カップ分

アボカド…大 1 個（300g）
ライム果汁…大さじ 1
塩…小さじ 1/4
カイエンペッパー…小さじ 1/4

作り方

1. アボカドは皮と種を取り、果肉をボウルに入れマッシャーでつぶす。
2. 1 に残りの材料全部を加え、よく混ぜあわせる。

Memo

楽しみ方はいろいろ。そのままパンやクラッカーに塗ってバターがわりに。にんにくを加えて、野菜のディップやタコスのソースにも。豆乳やお好みのスープでのばし、パスタにからめるとリッチな味に。冷製パスタもおすすめ。

盛りつけ
小豆ディップを
ココットに入れて、
フランスパンのスライスとともに
木のプレートに
盛りつけ
アボカドディップはココットに
入れてイタリアンパセリを添える。
にんじん、きゅうり、セロリの
スティック野菜とともに
ワンプレートに

Column

美味しく！早く！調理の基本

常備菜におすすめ 乾物使いのコツ

切り干し大根は サッと洗ったら戻さず調理に

うま味もある、甘みもたっぷりの切り干し大根は常備菜の強い味方。戻すと美味しさも栄養も失われてしまうから、戻さずそのまま使います。マリネやあえものなどには、洗ってざく切りして混ぜるだけ。ドレッシングや野菜の水分で自然に戻るし、歯ごたえが残って味もよし。ほかに、炒めものや煮もの、スープなどにも、戻さずそのまま加えます。素材や調理に使う水分で、すぐにふっくら戻ります。

春雨もそのまま調理でOK。 カットして使うと扱いやすい

春雨もスープや煮ものに入れるなら戻さなくても使えます。短くしたいときは包丁では切れないから、キッチンばさみで切ればOK。煮汁にそのまま入れれば、すぐに柔らかくなります。実は炒めものにも、わざわざ戻さなくてもOK。たとえば麻婆春雨やチャプチェなどもはさみで切って野菜と炒め、少しずつ水を加えて炒め煮すれば問題なく美味しく仕上がります。

だしのとり方

この本では野菜で作る常備菜を紹介しているので、かつおだしより優しい味の昆布だしがおすすめです。1リットルの水に対して20gの昆布を入れるとかなり濃厚なだしがとれます。キッチンばさみで数か所切り込みを入れ、水に1時間からひと晩おき、加熱をしたら沸騰寸前で昆布は引き上げます。写真のように切り込みを入れることでうま味がよく出ます。

chapter 6 ストックしたい万能ドレッシング＆万能だれ

手作りのドレッシングなら、好みの味に仕上げられて安心。それさえあれば
生の野菜を切っただけ、あるいはサッと蒸しただけで
野菜が美味しく食べられるのがいいですね。
調味料やオイルをあわせたシンプルなものなら飽きずに食べられますし、
刻んだ野菜やおろした野菜がたっぷり入った、栄養満点の野菜のドレッシングもおすすめです。

手作りドレッシング ノンオイル編

中華ドレッシング

材料● 1 カップ分

しょうゆ
大さじ 5 と 1/3

＋

酢
大さじ 5 と 1/3

＋

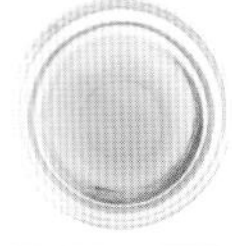

みりん
大さじ 2 と 2/3

＋

おろしにんにく
小さじ 1/8 強

＋

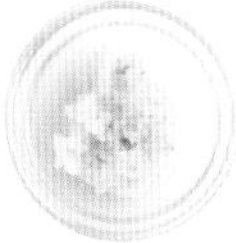

おろししょうが
小さじ 1/4 強

＋

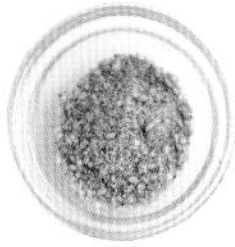

白すりごま
大さじ 1/2 弱

保存 5 日

作り方
材料全部をあわせる。

青じそドレッシング

材料● 1 カップ分

市販のポン酢
3/4 カップ

＋

青じそ
8 枚
(みじん切り)

＋

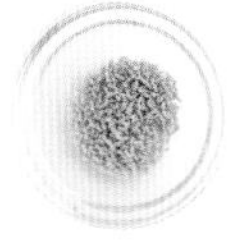

昆布茶
小さじ 1/3 強

＋

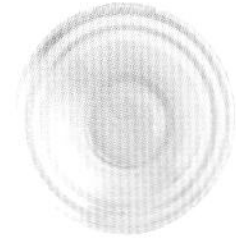

水
大さじ 1 と 1/2

Memo 市販のポン酢にひと手間加えるだけで、お客さま料理にも使えるよそゆきの味に変身します。サラダはもちろん、湯豆腐や冷ややっこのたれに。青じそではなく、小口に刻んだ万能ねぎや粗いみじんに刻んだみょうがでも。

保存 5 日

作り方
材料全部をあわせる。

梅ドレッシング

材料● 1 カップ分

梅干し
3 個(包丁で実を叩く)

＋

しょうゆ
大さじ 1 と 1/2

＋

酢
大さじ 4 と 1/2

＋

みりん
大さじ 3

＋

昆布だし
大さじ 3

Memo 大根サラダやかぶサラダ、れんこんサラダなど、和風の野菜によくあいます。小口に切ったきゅうり、わかめとあわせ、酢のもの風のサラダにしても。

保存 5 日

作り方
材料全部をあわせる。

粒ごまドレッシング

材料● 1カップ分

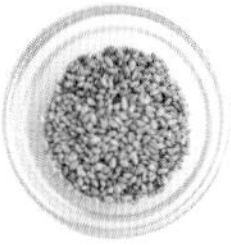

白粒ごま
大さじ2と1/3

しょうゆ
大さじ5弱

酢
大さじ5弱

みりん
大さじ2と1/3

昆布だし
大さじ1強

Memo 春菊やクレソン、ルッコラ、薄切りのゴーヤなど、ほろ苦い野菜によくあう風味のいいドレッシング。さらし玉ねぎとも相性抜群です。

保存 5日

作り方
材料全部をあわせる。

刻みねぎドレッシング

材料● 1カップ分

長ねぎ
約12㎝
（40g・みじん切り）

しょうゆ
大さじ5と1/3

酢
大さじ5と1/3

昆布だし
大さじ2と2/3

Memo 酢じょうゆに刻みねぎを入れたシンプルなドレッシングは、じゃがいも、さつまいも、里いもなどのいも類や、かぼちゃ、アスパラガスなど、そのものに甘みのある野菜をサッとゆでただけの簡単なサラダによくあいます。

保存 5日

作り方
材料全部をあわせる。

にらドレッシング

材料● 1カップ分

にら
3本（25g・小口切り）

しょうゆ
大さじ5

酢
大さじ5

昆布だし
大さじ2と2/3

Memo 日持ちのしないにらもドレッシングにしておくと5～6日保存できます。時間がたつほど味がなじんで美味しくなりますよ。豆腐サラダや厚揚げ、油揚げ入りのサラダなど、ボリュームのあるサラダにどうぞ。

保存 5日

作り方
材料全部をあわせる。

手作りドレッシング オイル編

フレンチドレッシング

材料● 1カップ分

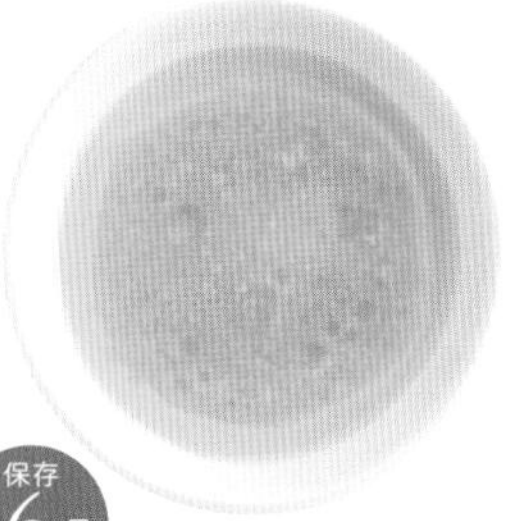

酢
大さじ6

オリーブオイル
大さじ6

塩
小さじ2

砂糖
小さじ2

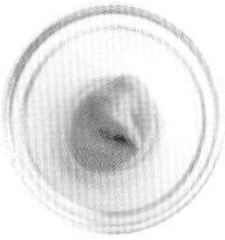
練り辛子
小さじ2

Memo 日持ちがいいから多めに作っても。レタスやトマトなど何にでもあいますが、薄切り玉ねぎにかけたさっぱりサラダもおすすめです。

保存 6日

作り方
材料全部をあわせる。

練りごまの濃厚ドレッシング

材料● 1カップ分

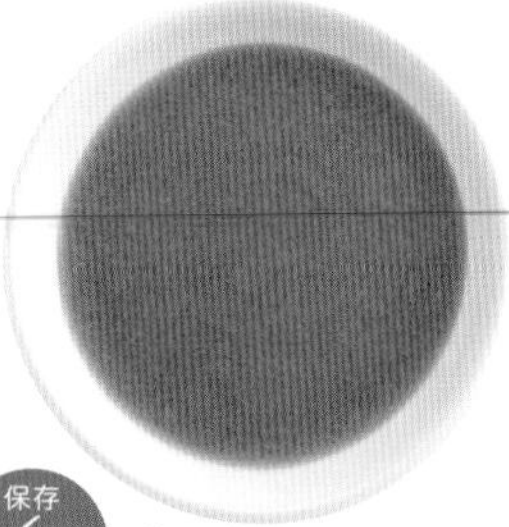

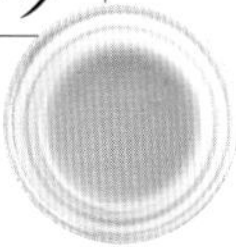
白練りごま
大さじ3

しょうゆ
大さじ3

酢
大さじ3

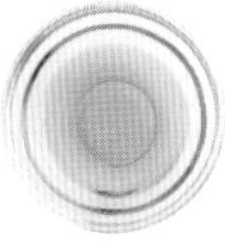
ごま油
大さじ3

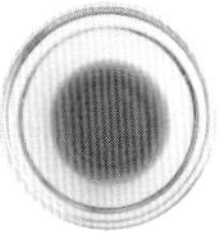
ラー油
大さじ1/2

Memo ゆでたじゃがいもやれんこん、ごぼうなどにかけると主菜並みのボリュームサラダに。だしで薄めれば鍋料理のたれにもなりますよ。

保存 6日

作り方
材料全部をあわせる。

バルサミコオリーブドレッシング

材料● 1カップ分

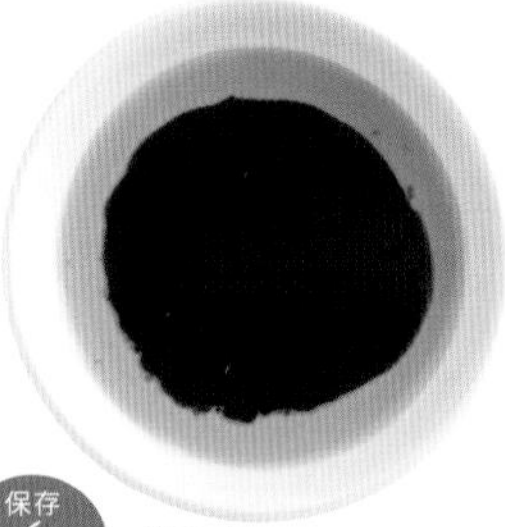

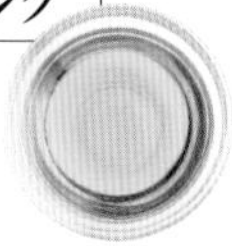
オリーブオイル
125ml

しょうゆ
大さじ2と1/2

バルサミコ酢
大さじ2と1/2

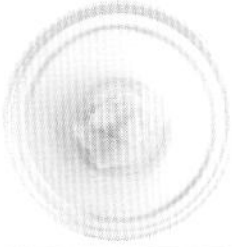
おろしにんにく
小さじ1/4強

Memo 食べやすく切ったクレソンやルッコラ、ベビーリーフ、紫玉ねぎなどのフレッシュなサラダにあわせたり、こんがり焼いたパプリカやかぼちゃ、ズッキーニなどグリル野菜のドレッシングにおすすめです。

保存 6日

作り方
材料全部をあわせる。

彩り野菜のイタリアンドレッシング

材料● 1カップ分

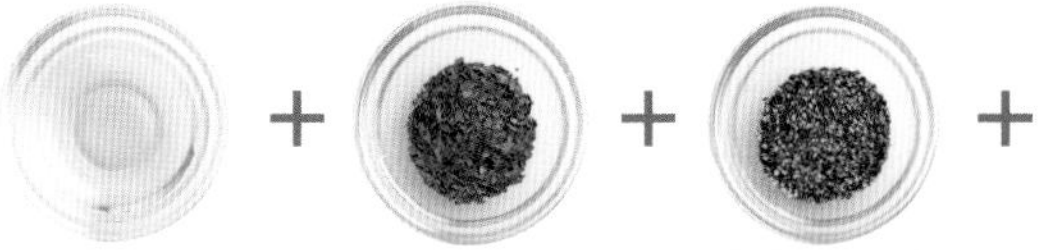

白ワインビネガー 大さじ4と1/3
＋ バジル（ドライ） 小さじ1/2強
＋ 粗挽き黒コショウ 小さじ1/3強
＋

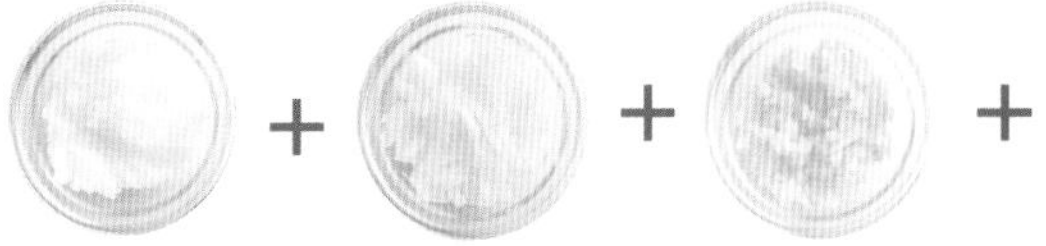

塩 大さじ1/2弱
＋ 玉ねぎ 1/7個（30g・みじん切り）
＋ にんにく 1と1/2片（みじん切り）
＋

ピーマン、赤、黄パプリカ 各15g（みじん切り）
＋ オリーブオイル 大さじ3弱

保存 6日

作り方
材料全部をあわせる。

豆乳マヨネーズ風ドレッシング

材料● 1カップ分

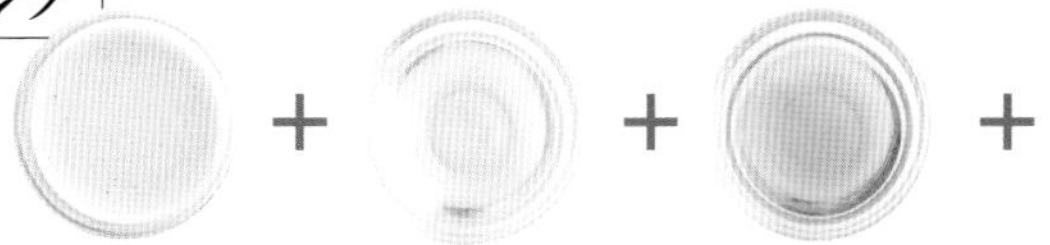

豆乳 120ml
＋ 酢 大さじ1と1/2
＋ みりん 大さじ1と1/2
＋

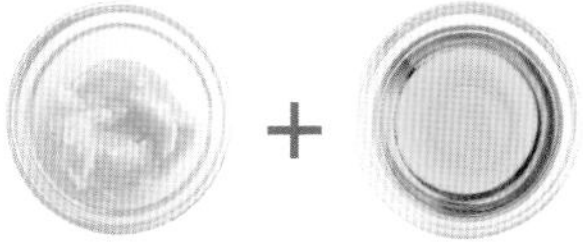

白味噌 大さじ1と1/2
＋ オリーブオイル 大さじ1と1/2

Memo 豆乳が入っているので早めに使いきります。せん切りのキャベツや細切りのにんじんなどとあわせても、ちぎったレタスなどにもあいます。

保存 3日

作り方
材料全部をあわせる。

バジルドレッシング

材料● 1カップ分

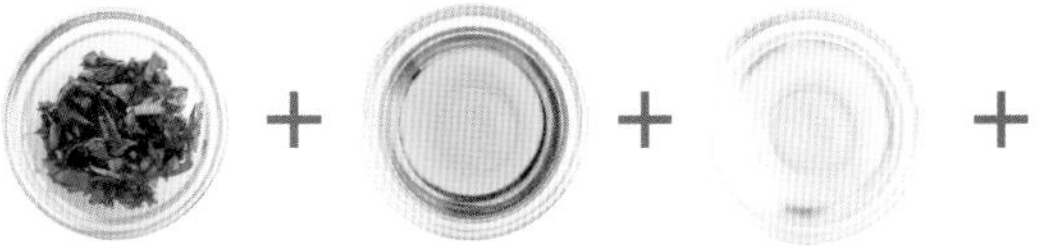

バジルの葉 大9枚（みじん切り）
＋ オリーブオイル 大さじ6
＋ 酢 大さじ6
＋

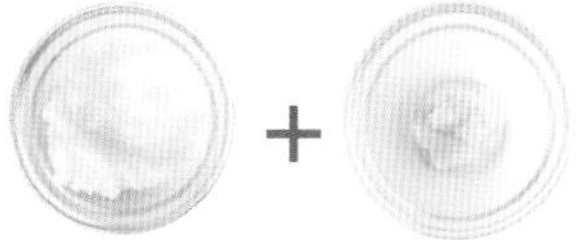

塩 小さじ1/3強
＋ おろしにんにく 小さじ1/3強

Memo このドレッシングをかけると、かぶや玉ねぎなどありあわせの野菜サラダがお洒落なイタリアンサラダに変身。冷製パスタにもどうぞ。

保存 6日

作り方
材料全部をあわせる。

彩り野菜のサルサソース

保存 5日

材料● 1カップ分

トマト…小1個（120g・1cm角に切る）
玉ねぎ…小1/6個（25g・1cm角に切る）
ピーマン…小1個（25g・1cm角に切る）
レモン果汁…大さじ1と2/3
塩…少々
カイエンペッパー…少々

作り方

1. 材料全部を混ぜあわせて味をなじませる。

Memo

これだけで野菜がしっかりとれるヘルシーなソース。タコライス風などの料理にも使えるし、ハンバーガーやホットドッグにあわせてもよくあいます。

たっぷり野菜のタコライス風

材料● 2人分

彩り野菜のサルサソース…大さじ6
a しいたけ…4枚（80g・粗みじん切り）
a 玉ねぎ…1/5個（40g・粗みじん切り）
a にんにく…1片（みじん切り）
オリーブオイル…適量
トマト…1個（200g・角切り）
トマトケチャップ…大さじ2
タバスコ…小さじ1/2
レタス…1枚（40g・細切り）
玉ねぎ…1/7個（30g・薄切りで水にさらす）
ピーマン…1個（30g・輪切り）
ご飯…2膳分

作り方

1. オリーブオイルを熱してaを炒め、玉ねぎがツヤッとしてきたらトマトを炒めあわせる。
2. 水分が飛んだらケチャップとタバスコで味をつけて火を止める。
3. ご飯を皿に盛って2をのせ、レタス、玉ねぎ、ピーマンを飾り、サルサソースをかける。

バジルペースト

保存 5日

材料● 1カップ分

バジルの葉…70g
松の実…13g
にんにく…小1片
オリーブオイル…140ml
塩…小さじ3/4

作り方

❶ 材料全部をフードプロセッサーにかける。

Memo

パスタにあえたり、ピラフにしても。ゆでたじゃがいもやにんじん、ブロッコリー、カリフラワーなどのホットサラダのソースにも使えます。

簡単バジルピラフ

材料● 4人分

バジルペースト…大さじ3
米…2合(といでざるにあける)
じゃがいも…1個(150g・1cm角に切る)
玉ねぎ…1/4個(50g・1cm角に切る)
赤パプリカ…1/4個(40g・1cm角に切る)

作り方

❶ 米とバジルペーストを炊飯器に入れて水加減し、全体を混ぜる。
❷ 野菜をのせて普通に炊きあげる。味が薄めなら塩少々(材料外)で調える。

保存
5日

みぞれ
ドレッシング

材料● 1カップ分

大根…7㎝（230g・すりおろして汁気を軽くきる）
おろししょうが…大1片分
レモン果汁…大さじ1と1/3
しょうゆ…大さじ1と1/3
ごま油…大さじ1と1/3

作り方

❶ 材料全部をあわせる。

Memo さっぱり味で常備しておくととても便利。輪切りのトマトにたっぷりかけるだけで一品料理に。ホットサラダにかけるのもおすすめです。

保存
5日

にんじん
ドレッシング

材料● 1カップ分

にんじん…2/5本（60g・乱切り）
玉ねぎ…1/10個（20g・乱切り）
にんにく…1/2片
オリーブオイル…1/2カップ
酢…大さじ4

作り方

❶ 材料全部をフードプロセッサーにかける。

Memo にんじんの甘みがなんともいえない美味しさ。にんじん嫌いでもこれなら大丈夫。生野菜、温野菜問わず、どんなサラダにも使えてとても重宝です。

保存
4日

スイートコーン ドレッシング

材料● 1カップ分

冷凍コーン…3/4 カップ
（100g・サッとゆでる）
酢…大さじ 3
オリーブオイル…大さじ 3
塩…小さじ 1/4 弱
にんにく…1/3 片

作り方

❶ 材料全部をフードプロセッサーにかける。

Memo 甘みたっぷりのドレッシング、小さな子も大好きな優しい味です。生野菜やホットサラダのほか、魚のソテーや豆腐ステーキなどにもあいます。

保存
10日

香味野菜のポン酢

材料● 1カップ分

しょうが…小 1 片（みじん切り）
みょうが…小 2 個
（30g・みじん切り）
青じそ…8 枚（みじん切り）
しょうゆ…80ml
柚子果汁…80ml
みりん…大さじ 1 と 2/3
だし昆布…1/2 枚（5g）

作り方

❶ 材料全部を混ぜて 1 日味をなじませる。

Memo 風味がよくてとても贅沢な味のポン酢です。きのこのサラダにちょっとかけたり、豆腐サラダにもぴったり。甘めが好きなら砂糖を足しても。

これだけ覚えればOK！基本のたれ

たれ名	配合割合	アレンジ・アイディア
三杯酢	同量のしょうゆ・酢・煮きったみりんをあわせるのが基本の三杯酢。 日持ちは冷蔵庫で10日間。	甘さ控えめが好みなら、みりんのかわりに煮きった酒で。甘めが好きなら少し砂糖を加えるなど、好みでアレンジも可。酸味と甘みのバランスがとれたあわせ酢なので、きゅうりや海藻の酢のもののほか、ノンオイルドレッシング感覚でサラダにも。
二杯酢	しょうゆと酢を同量が基本ですが、味が強いので、酢・しょうゆ・だし汁を同量で割るのがおすすめ。 日持ちは冷蔵庫で1週間。	同量で割るレシピが薄味に感じたら、酢・しょうゆ・だし汁を2:2:1の割合にしても。甘みがない分、サッパリしているので、揚げ野菜のサラダなどに向いています。餃子など、脂っこい肉料理のたれにもおすすめです。
酢味噌	味噌・酢・砂糖を2：1：1の割合で混ぜるのが基本。味噌の種類は好みで。白味噌なら優しい味に。 日持ちは冷蔵庫で1週間。	ゆでるか蒸したねぎ、わかめとあえれば、ぬたの完成。ゆでたごぼうやれんこんなどの根菜とあえたり、カリフラワーやブロッコリー、アスパラガスなど温野菜にかけても美味しいです。洋風にするなら少しマスタードを加えても。
ごまだれ	白練りごま・だし汁・しょうゆ・みりんを2：2：1：1の割合であわせます。 日持ちは冷蔵庫で5日間。	甘めが好きなら砂糖を少々加えても。しゃぶしゃぶなど鍋もののたれに大活躍ですが、ゆでたじゃがいも、かぼちゃ、里いもなど温野菜にもぴったり。レタスやきゅうりなど生野菜にあわせるなら、酢を足してゆるめにのばします。

基本のたれ：アレンジ術

保存 1週間

ねぎポン酢

材料● **1カップ分**

長ねぎ…約12㎝
（40g・みじん切り）
しょうゆ、柚子果汁…各大さじ4と1/2
みりん…大さじ1と1/3
だし昆布…1/2枚（5g）

作り方

1 材料全部を混ぜて1日味をなじませる。

保存 10日

しょうがごまだれ

材料　**4人分**

白練りごま　大さじ4
しょうゆ　大さじ3
みりん、酢　各大さじ2
だし汁　大さじ1
砂糖　小さじ1
おろししょうが　大さじ1

作り方

1 材料全部をあわせ、よく混ぜる。

にんにく酢味噌

材料　**1カップ分**

白味噌　大さじ9
酢　大さじ4と1/2
砂糖　大さじ1
おろしにんにく　小さじ3/4

作り方

1 材料全部を混ぜる。

保存 5日

Memo ポン酢や合わせ酢に薬味を入れると目先が変わります。長ねぎのほか、みょうがや大葉でも。酢味噌をしょうが味に、ごまだれをにんにく味にしても。

＊野菜、海藻類、大豆製品など、主たる材料別の常備菜およびアレンジ料理の索引です。chapter 6のドレッシング・たれは含みません。（材料は50音順、にんにく、しょうがなど薬味扱いのものは除外してあります）

庄司いずみ izumi shoji

野菜料理家。2007 年に植物性 100%のベジタリアン料理を紹介するブログ『vege dining 野菜のごはん』を始め、大人気となったことをきっかけに野菜料理を紹介する料理家に。身体の中からきれいになることを提案する『デトックス・ベジ』シリーズ（主婦の友社）はシリーズ累計 21 万部を突破。また保存おかずや使いまわしおかずなど、忙しいときも野菜がたっぷりとれる暮らしのレシピを提案した『やさいの常備菜』（世界文化社）は多くの支持を集め、ロングセラーに。主宰する「庄司いずみ ベジタブル・クッキング・スタジオ」では家庭で作る野菜料理からダイエット料理、プロフェッショナル向けのヴィーガン料理まで、幅広い内容のレッスンを展開している。

庄司いずみ ベジタブル・クッキング・スタジオ
http://shoji-izumi.tokyo/

撮影 ● 千葉 充
スタイリング ● 本郷由紀子
ブックデザイン ● 椎名麻美
調理補助 ● 中村三津子／大平愛巳
校正 ● 関根麻実子
編集協力 ● フィーストインターナショナル
編集 ● 川崎阿久里

本書『保存版 やさいの常備菜』は、『やさいの常備菜』（2013 年刊）と『野菜のマリネとおかずサラダ』（2015 年刊）、2 冊のレシピをベースに新たな項目として 4 章を補稿し《保存版》として再編集した 1 冊です。

保存版 やさいの常備菜

かんたん仕込みで食べ飽きない

発行日：2020 年 4 月 20 日　初版第 1 刷発行

著者……………… 庄司いずみ
発行者 …………… 秋山和輝
発行……………… 株式会社世界文化社
〒102-8187　東京都千代田区九段北 4-2-29
編集部　電話 03（3262）5118
販売部　電話 03（3262）5115
印刷・製本 ………… 共同印刷株式会社

ISBN 978-4-418-20307-9